Historia de Estados Unidos

1000 datos interesantes sobre la historia de Estados Unidos

Índice de contenidos

Introducción

¿Le interesa descubrir los secretos de la historia de Estados Unidos? ¿Quiere explorar las profundidades del pasado de Estados Unidos y conocer los acontecimientos, las personas y los avances tecnológicos que dieron forma a esta gran nación?

Si es así, *1000 Datos interesantes sobre la historia de Estados Unidos* es la guía perfecta para usted. Abarca desde la historia más antigua de Estados Unidos hasta acontecimientos recientes. Descubra hechos fascinantes relacionados con los principales acontecimientos políticos, logros deportivos, conflictos militares, tecnología, movimientos sociales, inmigración, música, arte y literatura. Descubra algunos de los principales casos de la Corte Suprema, la cultura y herencia afroestadounidense y las elecciones presidenciales.

¡Nunca ha sido tan fácil aprender todo sobre el rico pasado de Estados Unidos como con *1000 Datos interesantes sobre la historia de Estados Unidos* al alcance de su mano! Siga leyendo y comience su viaje.

Sección 1: Exploración de los hechos fundamentales de la historia de Estados Unidos

Los nativos americanos y la vida antes de la colonización europea

En este capítulo se explora la fascinante historia de *los nativos americanos y la vida antes de la colonización europea*. A continuación, treinta datos interesantes sobre las culturas, creencias, lenguas, herramientas y artes de los nativos americanos. También se ve cómo los indígenas utilizaban la naturaleza para sobrevivir en condiciones duras y el desarrollo de complejas redes comerciales entre las distintas tribus de **Norteamérica**.

1. Los **nativos americanos** viven en **Norteamérica** desde hace unos veinte mil años.

2. El término «**nativos americanos» es amplio.** Probablemente había más de mil tribus y culturas diferentes antes de la colonización europea. Cada una tenía sistemas de creencias diferentes.

3. Muchas tribus tenían un concepto llamado «**Aro sagrado»,** según el cual todos los seres vivos estaban vinculados entre sí y debían respetarse mutuamente. Representa las estaciones, el universo y **el ciclo de la vida. No tiene principio ni fin.**

4. Las tribus utilizaban **herramientas sofisticadas** de piedra, hueso, concha, madera y astas, que les permitían cazar animales y pescar con mayor eficacia. También les servían para **construir casas** más rápido.

5. Los nativos americanos hicieron **cerámica con arcilla**. Utilizaban la cerámica para almacenar alimentos o cocinar. En algunas familias podían durar por varias generaciones.

6. Los indígenas **dependían en gran medida de la naturaleza**. Cultivaban plantas como el maíz y la calabaza. También cazaban búfalos, ciervos, alces y patos.

7. **Las culturas nativas americanas desarrollaron complejos sistemas de comercio** entre diferentes grupos de toda Norteamérica. Intercambiaban bienes como joyas de cobre o pieles de animales por cosas que necesitaban de otras tribus.

8. Las tribus nativas americanas desarrollaron **sus propias lenguas.** Los pueblos indígenas de Norteamérica no tenían sistemas de escritura, por lo que transmitían sus historias oralmente y a través de otros medios, como los cinturones de wampum.

9. **Las tribus tenían** muchas creencias espirituales diferentes, que a menudo se basaban en la naturaleza o los animales. Estas creencias guiaban la mayoría de las decisiones de su vida cotidiana.

10. Algunas tribus practicaban **técnicas agrícolas** como el cultivo en terrazas, que les permitía cultivar alimentos de forma más eficiente con recursos limitados. ¡Los agricultores siguen utilizando esta misma técnica hoy en día!

11. La música era parte fundamental de las culturas nativas. **Cantaban, bailaban, tocaban el tambor, las flautas** y otros instrumentos. La música conectaba a los individuos en ceremonias y celebraciones espirituales.

12. Algunas prácticas religiosas de los nativos americanos incluían las búsquedas de visión. Una persona se adentraba sola en la naturaleza para tener visiones o sueños **inspirados por guías espirituales**. Estos guías proporcionaban orientación y dirección sobre asuntos esenciales de la vida.

13. Las culturas nativas americanas practicaban diversas formas de arte, como la alfarería, la cestería y la pintura sobre pieles. **El arte solía ser espiritual**, aunque algunas cosas, como las cestas, se utilizaban con fines prácticos. El arte también se utilizaba para registrar relatos e historias dentro de las tribus.

14. **Las tribus eran sociedades organizadas con líderes** que supervisaban los procesos de toma de decisiones críticas, como la forma de distribuir los alimentos. Cada tribu era diferente, por lo que no todas tenían el mismo tipo de estructura social.

15. La mayoría de las tribus creían que **la tierra no pertenecía a un individuo**, sino a todas las personas que vivían en ella. Este concepto se conocía como **propiedad comunal** y permitía a los distintos grupos compartir los recursos comunes.

16. Los antiguos pueblos nativos **desarrollaron intrincados sistemas de medicina** que incluían hierbas, terapias de masaje y cabañas de sudación. Muchos de estos tratamientos se siguen utilizando hoy en día por los médicos modernos de todo el mundo debido a su eficacia para **curar ciertas afecciones**.

17. **Las mujeres** nativas americanas **solían encargarse de la recolección de alimentos**, la confección de ropa y el cuidado del hogar. También desempeñaban diversas funciones espirituales. Podían ser curanderas, sanadoras o líderes de ceremonias.

18. **Los nativos utilizaban la astronomía** para predecir los cambios estacionales y comprender los patrones de migración de los animales, cuando ciertas plantas estaban maduras para la cosecha. **Estos conocimientos eran esenciales para su supervivencia.** Planificaban sus actividades en función de lo que la naturaleza les proporcionaba cada año.

19. **Muchas tribus tenían filosofías muy arraigadas** que giraban en torno al equilibrio entre los seres humanos y la naturaleza, que para ellos creaba armonía y felicidad en la vida de todos. Este sistema de creencias se ha transmitido a través de generaciones de pueblos nativos y ¡se utiliza incluso hoy en día!

20. Los **nativos americanos** eran conocidos por sus intrincados diseños de abalorios, que podían encontrarse en mocasines, mantas y otros objetos. **También fabricaban hermosas joyas con conchas y piedras** con significados simbólicos. Estas piezas tenían un propósito funcional y actuaban como poderosos símbolos. Eran parte importante de la identidad de alguien dentro de su tribu.

21. **Los curanderos y las curanderas eran importantes en las sociedades tribales.** Estos curanderos conocían las hierbas y las prácticas rituales y espirituales que podían utilizarse para tratar enfermedades o heridas. Transmitían estos conocimientos a las siguientes generaciones.

22. **Las tribus antiguas utilizaban el búfalo no solo como alimento.** Utilizaban la piel del búfalo para vestirse, para refugiarse y para fabricar herramientas como arcos y flechas. Hoy en día, algunas comunidades nativas siguen practicando **ceremonias tradicionales de caza de búfalos** como parte de su identidad cultural.

23. **Los nativos americanos seguían los patrones migratorios** de los animales a lo largo de las diferentes estaciones, lo que les permitía acceder a caza fresca de forma continua. Esto era esencial para su supervivencia **durante los meses de escasez**, cuando otros recursos podían escasear debido a la falta de lluvias o al frío.

24. **Las tribus dependían en gran medida de los ciclos de la naturaleza** a la hora de sembrar o recolectar determinadas plantas. Comprendían cómo sus acciones repercutían en el medio ambiente que les rodeaba, por lo que tenían mucho cuidado de no desperdiciar nada.

25. Tres de los cultivos **más importantes de la Norteamérica primitiva eran la calabaza, el maíz y los frijoles**. A estos tres cultivos se les llamaba las tres hermanas. Normalmente se plantaban juntos. El tallo del maíz servía de espaldera para los frijoles. Las hojas de la calabaza daban sombra al suelo, manteniendo la humedad para que **los frijoles y el maíz crecieran** sin problemas.

26. **La pesca era una parte esencial de muchas dietas nativas**. Los indígenas utilizaban métodos únicos como presas para peces (una trampa hecha con palos), lanzas y redes.

27. Las tribus antiguas desarrollaron ingeniosas formas de transporte. **Utilizaban canoas, que les permitían atravesar ríos con facilidad.** También utilizaban zapatos de nieve que les ayudaban a atravesar caminos nevados y montañas.

28. **Algunas tribus construyeron poblados con empalizadas** (muros hechos de madera) para protegerse de las amenazas. Las empalizadas también les proporcionaban protección durante los duros meses de invierno, cuando **los alimentos podían escasear** debido a la falta de luz solar y a las bajas temperaturas.

29. **Los nativos americanos creían en el respeto mutuo entre las diferentes culturas.** Los comerciantes no solo intercambiaban mercancías, sino también historias, canciones e ideas, lo que les permitía conocer mejor las costumbres y creencias de los demás.

30. Las **danzas rituales** en las culturas nativas solían representarse como parte de ceremonias o festividades significativas. **Estas danzas variaban de una tribu a otra,** pero tenían algunas similitudes, como su veneración por la naturaleza y los antepasados.

Exploración europea y colonización de Estados Unidos

En este capítulo se explora la **historia de la exploración y colonización europea** en Estados Unidos. Se presentan treinta datos interesantes sobre cómo varios países reclamaron partes de Norteamérica, qué aportaron a la región y por qué algunas colonias decidieron declarar su independencia. También se mencionan algunas adquisiciones, como **Alaska, Hawái y Puerto Rico**, ¡todas las cuales forman parte de Estados Unidos!

31. **El primer europeo que exploró Norteamérica fue Leif Erikson**. Era vikingo. Viajó a lo que hoy es Terranova en el año 1000 de nuestra era.

32. En la época de **Cristóbal Colón**, la gente había olvidado el viaje de Leif. La mayoría de las primeras exploraciones se centraron en América Central y del Sur. El primer explorador europeo que llegó a los actuales Estados Unidos fue **Ponce de León.**

33. De **Américo Vespucio**, que exploró Sudamérica, es de donde sacamos el nombre de «América».

34. **En 1607, Inglaterra** estableció su primer asentamiento permanente en Norteamérica, en Jamestown.

35. **Francia estableció colonias en Canadá** y Luisiana en la década de 1600.

36. **España** reclamó gran parte del Suroeste, desde **California hasta Texas.**

37. Los colonos **holandeses** se establecieron en Nueva Holanda (actual **Nueva York**) en 1624.

38. Los **peregrinos** llegaron a Plymouth, **Massachusetts**, en 1620 en el Mayflower.

39. Los **cuáqueros** comenzaron a establecerse en **Pensilvania** en 1681.

40. **Los colonos europeos trajeron a América caballos, ganado vacuno, cerdos y otros animales.** Los colonos también introdujeron nuevas plantas para la agricultura como el trigo, la cebada, la avena y el centeno.

41. A mediados del siglo XVII, **las Trece Colonias británicas** se habían establecido a lo largo de la costa atlántica desde Maine hasta Georgia.

42. **Los comerciantes europeos trajeron esclavos africanos a Estados Unidos** para trabajar en las plantaciones.

43. **La guerra franco-india (1754-1763)** se libró entre Francia y Gran Bretaña con sus respectivos aliados nativos americanos.

44. **Gran Bretaña ganó la guerra** y se hizo con el control de gran parte del este de Norteamérica.

45. Después de la guerra, **los británicos intentaron aumentar los impuestos** a los colonos para pagar la guerra. Los colonos se enfadaron porque no se les dio representación en el Parlamento.

46. **La Revolución estadounidense** estalló en 1775 debido a las tensiones entre las Trece Colonias y Gran Bretaña.

47. **Las Trece Colonias declararon su independencia** de Gran Bretaña en julio de 1776.

48. **La guerra de la Independencia terminó oficialmente en 1783** con el Tratado de París, que reconoció formalmente a Estados Unidos como nación independiente.

49. **Gran Bretaña cedió** a Estados Unidos **la mayor parte de su territorio** al este del río Misisipi.

50. **La Ordenanza del Noroeste se aprobó en 1787.** Organizó el área al noroeste del río Ohio en el llamado Territorio del Noroeste, que más tarde se convertiría en varios estados.

51. **La compra de Luisiana en 1803** duplicó el tamaño de Estados Unidos.

52. **La Expedición Lewis y Clark,** que duró de 1804 a 1806, fue dirigida por Meriwether Lewis y William Clark. Con la ayuda de una joven shoshone llamada Sacagawea, el grupo atravesó el país desde el río Misuri hasta el océano Pacífico. Se encontraron con tribus de nativos americanos y obtuvieron valiosa información, que amplió el conocimiento del oeste norteamericano.

53. **Florida pasó a formar parte de Estados Unidos** tras el Tratado de Adams-Onís con España en 1819.

54. Tras la **guerra entre México y Estados Unidos**, México cedió la actual California a Estados Unidos mediante el Tratado de Guadalupe Hidalgo en 1848.

55. **La compra de Gadsden añadió tierras en el sur de Arizona** y el suroeste de Nuevo México en 1853.

56. **Alaska fue comprada a Rusia** en 1867.

57. Estados Unidos adquirió Hawái y Guam en 1898. **Hawái se convirtió en estado** en 1959. Guam es un territorio estadounidense.

58. **Puerto Rico se convirtió en territorio estadounidense** en 1898 tras la guerra hispano-estadounidense.

59. La **zona del Canal de Panamá** fue arrendada a EE. UU. en 1903.

60. **Estados Unidos adquirió las Islas Vírgenes de Dinamarca** en 1917.

El Gran Despertar

Se estará preguntando cómo repasamos la historia de Estados Unidos tan rápidamente. No se preocupe. Vamos a examinar más detenidamente los grandes acontecimientos de la historia de esta nación. En este capítulo se explora **el Gran Despertar, un movimiento religioso que se extendió por Norteamérica** desde principios hasta mediados del siglo XVIII. Este renacimiento espiritual desafió las creencias puritanas tradicionales y trajo nuevas **denominaciones del cristianismo a las colonias**, como el metodismo. Además, aprenderá por qué **George Whitefield** fue tan importante en este periodo y descubrirá por qué el segundo Gran Despertar desencadenó movimientos sociales como el abolicionismo, la templanza y los derechos de la mujer. Estos movimientos ayudaron a moldear gran parte del **sentido de la moralidad de la gente en los EE. UU. hoy en día.**

61. **El Gran Despertar fue un movimiento religioso** de principios a mediados del siglo XVIII.

62. Comenzó con un emotivo sermón del predicador **Jonathan Edwards en 1734**. Las ideas que expuso se extendieron rápidamente, dando lugar a una gran cantidad de reuniones de masiva asistencia en toda Norteamérica.

63. Su sermón hablaba de cómo los seres humanos **somos pecadores por naturaleza y de cómo necesitamos ser perdonados** para alcanzar la salvación. Instó a la gente a aceptar a Dios en su vida.

64. **Este despertar espiritual desafió las creencias puritanas tradicionales,** ya que los puritanos creían que solo los sacerdotes podían interpretar la Biblia.

65. En el pasado, **algunos puritanos librepensadores, como Anne Hutchinson**, habían sido desterrados de la sociedad por ir en contra de la norma.

66. **George Whitefield** fue uno de los principales predicadores del Gran Despertar. Viajó por toda la costa este, predicando su mensaje de avivamiento religioso a miles de personas a la vez.

67. **Los conmovedores sermones de Whitefield** promovían la autodeterminación de los individuos en lugar de su dependencia del consenso del grupo. Sus ideas inspiraron a muchos a convertirse en pensadores más independientes, además de creyentes o seguidores.

68. Por ejemplo, animó a los colonos a tomar el control de sus propias vidas decidiendo **qué tipo de valores querían**.

69. **El Gran Despertar tuvo un impacto significativo en la vida intelectual estadounidense,** inspirando a la gente a crear sus propias interpretaciones de la Biblia y ayudándoles a alejarse de las creencias puritanas tradicionales.

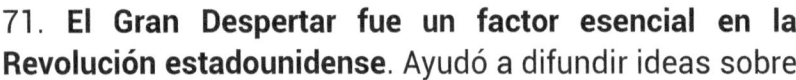

70. También ayudó a despertar un **sentimiento de unidad nacional,** ya que colonos de diferentes orígenes se unieron por su creencia en el poder de Dios.

71. **El Gran Despertar fue un factor esencial en la Revolución estadounidense**. Ayudó a difundir ideas sobre la autodeterminación y la libertad en todas las colonias antes de que comenzaran las hostilidades con Gran Bretaña.

72. **Animó a la gente a pensar por sí misma,** a cuestionar la autoridad y a levantarse contra las fuerzas opresoras, conduciéndolos finalmente hacia la independencia del sistema monárquico.

73. **Nuevas denominaciones protestantes,** como el metodismo, llegaron a Estados Unidos gracias al Gran Despertar.

74. **John Wesley fundó el metodismo** en la década de 1730. En 1784, el metodismo echó raíces en Norteamérica con inmigrantes procedentes de Irlanda que trajeron consigo su religión.

75. **Los bautistas también se vieron afectados por el Gran Despertar.** Existían desde el siglo XVII, pero este renacimiento religioso dio lugar a un nuevo tipo de bautistas, que rompía con las ideas puritanas (o congregacionalistas).

76. Antes del Gran Despertar había pocos bautistas en Norteamérica. En 1804, en cambio, había más de **trescientas iglesias bautistas solo en Nueva Inglaterra.**

77. Muchas figuras prominentes, incluido **Thomas Paine**, escribieron extensamente sobre la libertad religiosa, **la separación entre Iglesia y Estado**, y otros temas relacionados con los derechos individuales y la libertad de expresión.

78. **El Gran Despertar fue una reacción a la Ilustración,** que había comenzado en Europa. La Ilustración se basaba en la razón, mientras que el Gran Despertar se basaba más en la emoción y las creencias.

79. **La Ilustración afectó a la religión.** Como las ideas del movimiento se basaban en la razón, aumentó el escepticismo hacia las creencias cristianas tradicionales. Algunos **intelectuales rechazaron por completo la teología bíblica**, influyendo en lo que hoy se conoce como humanismo secular. La mayoría de los pensadores de la Ilustración abogaban por la tolerancia religiosa.

80. **El deísmo surgió durante la Ilustración.** Racionalizaba la existencia de Dios. Los deístas creían en Dios, pero no creían que interfiriera en la vida cotidiana. Algunos deístas famosos fueron **Thomas Jefferson y Thomas Paine**.

81. Aunque el renacimiento religioso no se centró en el racionalismo, dejó un impacto duradero en la educación en Estados Unidos. **Varias universidades famosas se abrieron gracias al Gran Despertar,** como Princeton, Dartmouth y Brown.

82. Estas universidades fueron pensadas originalmente para ser **lugares donde las personas pudieran aprender sobre la Biblia** y entrenarse para convertirse en ministros.

83. Este movimiento fue importante para los **afroestadounidense**. Fueron alentados por predicadores como Whitefield a **rechazar la esclavitud y buscar la libertad a través de la fe** de las enseñanzas de Cristo sobre el amor y la justicia para todas las personas, independientemente de su raza o condición de clase.

84. **El segundo Gran Despertar** tuvo lugar a principios del siglo XIX. Se cree que se extendió entre 1790 y 1840. Fue otro gran avivamiento protestante.

85. El segundo Gran Despertar impulsó varios movimientos de reforma social, incluyendo **el abolicionismo, la templanza y los derechos de la mujer**.

86. El segundo Gran Despertar predicaba que **todos los hombres eran iguales ante los ojos de Dios**, lo que llevó a un aumento de las llamadas al abolicionismo.

87. También revivió la **creencia de que se debía vivir una vida libre de pecado**. Los movimientos a favor de la templanza tomaron esta idea y la usaron para disuadir del vicio de beber.

88. El creciente entusiasmo de la época permitió a **las mujeres asumir un papel más activo en la vida religiosa, incluyendo la enseñanza y la predicación**. Aunque las mujeres seguían estando en gran medida excluidas de los puestos formales en las instituciones religiosas, el segundo Gran Despertar les permitió ganar mayor autonomía e influencia en asuntos religiosos.

89. El segundo Gran Despertar también contribuyó a un **creciente sentido de igualdad religiosa entre hombres y mujeres,** allanando el camino para el temprano movimiento por los derechos de la mujer.

90. **El tercer Gran Despertar tuvo lugar desde finales de la década de 1850 hasta principios del siglo XX.** Este avivamiento también se centró en cuestiones sociales como el abolicionismo. Además, hablaba del fin de los tiempos y la segunda venida de Cristo.

La guerra franco-india

Este capítulo explora la **guerra franco-india,** que fue un escenario de la guerra de los Siete Años. Se presentan **treinta datos interesantes** sobre cómo comenzó este conflicto, quiénes participaron en él y cuál fue su desenlace. Aprenda sobre figuras famosas como **George Washington** y **Benjamin Franklin**, que desempeñaron papeles importantes durante esta guerra.

91. **La guerra franco-india** se libró entre 1754 y 1763 en Norteamérica.

92. Esta guerra fue un escenario de **la guerra de los Siete Años**, que estalló por disputas territoriales.

93. **La guerra franco-india enfrentó a británicos y franceses**. Ambos bandos contaban con aliados nativos americanos.

94. La guerra comenzó por disputas sobre la propiedad de las tierras del **valle del río Ohio.**

95. **Francia ayudó a sus aliados nativos americanos,** proporcionándoles armas para impedir que los colonos británicos se expandieran por nuevas tierras.

96. **La primera batalla** tuvo lugar en **Jumonville Glen**, cerca de la actual Pittsburgh, Pennsylvania, **en mayo de 1754**. Solo duró unos quince minutos.

97. **George Washington** comandó a los colonos en la batalla de Jumonville Glen.

98. **Jumonville era el líder de las fuerzas francesas** en la batalla. Fue enviado para advertir a Washington que abandonara la zona, no para entrar en combate. **Jumonville murió en esa batalla.**

99. **La primera caricatura política de la historia de EE. UU**. se imprimió en 1754. La caricatura fue diseñada **por Benjamin Franklin.** Mostraba a las colonias como partes de una serpiente troceada.

100. **La batalla del fuerte *Necessity*** fue la primera gran batalla de la guerra. Tuvo lugar en julio de 1754. **George Washington** se vio obligado a rendirse.

101. **El general británico Edward Braddock** fue asesinado mientras lideraba una fuerza contra el fuerte Duquesne (situado en la actual Pittsburgh) el 9 de julio de 1755, convirtiéndose en una de las muchas bajas durante este largo y sangriento conflicto.

102. Inicialmente, a los **franceses** les fue mejor en la guerra. Pero la situación empezó a cambiar cuando **los británicos consiguieron una victoria** en el fuerte Niagara en julio de 1759. Su victoria les permitió comenzar los planes para invadir Canadá desde el oeste.

103. **La batalla de Quebec** tuvo lugar en septiembre de 1759. **Los británicos sitiaron** la ciudad durante tres meses antes de declarar finalmente la victoria. Los generales de ambos bandos murieron a causa de las heridas que recibieron mientras luchaban.

104. **Los franceses intentaron retomar Quebec,** pero fracasaron.

105. Debido a la falta de recursos, ambos bandos recurrieron al uso de **tácticas de guerra de guerrillas.**

106. **Más de cuarenta mil colonos y soldados británicos participaron en la guerra**. Los franceses contaban con unos diez mil regulares. Sin embargo, los franceses tenían más aliados nativos americanos que los británicos.

107. En septiembre de 1760, **los británicos tomaron Montreal.** La toma de Montreal significó que toda Nueva Francia estaba en manos británicas.

108. **En 1763, se firmó en París un tratado de paz entre Francia, Gran Bretaña y los demás países que lucharon en la guerra de los Siete Años.** El tratado puso fin a esa guerra y a la guerra franco-india. Entregaba todas las tierras al este del río Misisipi a Gran Bretaña. Francia se retiró de Norteamérica, aunque conservó algunos territorios en Canadá.

109. **Luisiana se dividió por la mitad:** Gran Bretaña se quedó con la parte oriental y Francia con la occidental.

110. **Francia no conservó Luisiana durante mucho tiempo.** Antes del Tratado de París de 1763, Francia firmó un acuerdo secreto con España en el que **acordó ceder Luisiana a España.** Poco después de la guerra, España recibió su mitad del territorio. No impugnó los términos del Tratado de París.

111. Los británicos estaban preocupados por sus nuevos residentes en Canadá, concretamente los católicos de Acadia. **En 1755, los británicos comenzaron a expulsar a los acadios**. Cientos de ellos se establecieron en Luisiana. El nombre «acadio» se convirtió en «cajún». Los cajunes siguen viviendo en Luisiana hoy en día.

112. **El Tratado de París también entregó toda la Florida española a Gran Bretaña.** España había luchado con Francia en la guerra de los Siete Años y se vio obligada a ceder territorios en el tratado.

113. Aunque este conflicto se libró **principalmente entre Gran Bretaña y Francia**, las tribus nativas americanas participaron significativamente. La mayoría de las tribus apoyaron a Francia. Otras intentaron permanecer neutrales durante la guerra.

114. **La Confederación iroquesa fue inicialmente neutral en la guerra.** Más tarde, los iroqueses se aliaron con los británicos. Sin embargo, algunos miembros se unieron a los franceses. En realidad, dependía de quién ofreciera mejores condiciones en cada momento.

115. **La guerra franco-india** abrió oportunidades para que los colonos procedentes de Europa comenzaran a asentarse en los territorios recién adquiridos. Para ello, tuvieron que expulsar a los indígenas.

116. Los **nativos americanos** no fueron incluidos en el tratado de paz entre Francia y Gran Bretaña. Continuaron enfrentándose al desplazamiento hasta que se hicieron tratados directamente con las tribus o se establecieron gobiernos específicamente para ellos.

117. **Cuando Francia se marchó, los nativos americanos** perdieron un importante socio comercial. Aunque los colonos siguieron comerciando con los nativos, no lo hicieron con tantas armas y pólvora.

118. **Es difícil saber exactamente cuántas personas murieron en la guerra.** Los historiadores estiman que fueron once mil. La mayoría murió de enfermedades.

119. Oficiales británicos como **George Washington** adquirieron experiencia y respeto en la guerra franco-india. Sus logros en esta guerra lo llevaron más tarde a ser comandante del Ejército Continental.

120. Otras figuras destacadas de la historia de Estados Unidos, como **Benjamin Franklin,** también desempeñaron papeles importantes en la guerra. **Franklin llegó a ser comandante en la guerra.**

La Fiesta del Té de Boston

Este capítulo aborda los acontecimientos y las causas de **la Fiesta del Té de Boston**, que fue un **momento crucial en la historia de Estados Unidos**. La Revolución estadounidense estalló menos de dos años después. A continuación, se presentan **treinta datos interesantes** sobre este acontecimiento histórico, desde quién lo organizó hasta lo que ocurrió después. Conozca por qué **los estadounidenses boicotearon el té procedente de Inglaterra.** Descubra cómo la Fiesta del Té de Boston desencadenó protestas. También se exploran otros detalles, como los disfraces que llevaban los manifestantes.

121. **La Fiesta del Té de Boston fue una protesta política** que tuvo lugar el 16 de diciembre de 1773 en la ciudad de Boston, Massachusetts.

122. **Tres barcos que transportaban té de Inglaterra fueron enviados al puerto de Boston.** Los colonos estaban molestos por no tener representación en el Parlamento británico. Para mostrar su descontento, ¡arrojaron los 342 barriles de té al agua!

123. **El té que se tiró** ¡valdría hoy casi dos millones de dólares!

124. El té pesaba más de **noventa mil libras.**

125. En mayo de 1773, **Gran Bretaña aprobó la Ley del Té**. Esta fue una de las muchas leyes que disgustaron a los colonos americanos.

126. **Los colonos ya pagaban impuestos sobre el té** debido a las Leyes Townshend, aprobadas a finales de la década de 1760. También pagaban impuestos sobre la cristalería, los sellos y el papel, entre otros productos.

127. Durante ese periodo, **el té era muy popular en Norteamérica**. ¡Los colonos bebían más de un millón de libras de té al año a finales del siglo XVIII!

128. **La Ley del Té otorgó a la Compañía de las Indias Orientales el monopolio del té.** El contrabando era un gran problema en las colonias. Casi el 90 % del té que bebían los colonos era de contrabando. A los colonos les quedó claro que el impuesto sobre el té se mantendría.

129. **Thomas Hutchinson era gobernador de Massachusetts** en el momento de la Fiesta del Té de Boston. Quería que se pagaran los impuestos sobre el té. Se negó a que los barcos abandonaran el puerto con el té.

130. **Los colonos dejaron claro que no aprobarían el impuesto.** Los capitanes no querían arriesgarse a que sus barcos sufrieran daños, así que se quedaron en el puerto.

131. Más de **cien personas participaron** en la histórica **Fiesta del Té de Boston**, Aunque solo unas sesenta de ellas abordaron los barcos.

132. La mayoría de los participantes llevaban disfraces, como máscaras. ¡Algunos incluso se **disfrazaron de** *mohawks*!

133. Los participantes utilizaron hachas y cuerdas para arrojar los barriles al agua. **Tardaron casi tres horas en la oscuridad en descargar todo el té.**

134. El principal organizador de este evento fue **Samuel Adams.** Se le considera uno de los padres fundadores. También fue miembro activo de **un grupo** político **llamado Hijos de la Libertad**.

135. **Los Hijos de la Libertad** luchaban por los derechos de los colonos. Este grupo a veces podía ser violento. Por ejemplo, **alquitranaban y emplumaban a los funcionarios.** Desnudaban a una persona, le echaban alquitrán encima y luego le arrojaban plumas.

136. Algunos de los famosos Hijos de la Libertad son **Samuel Adams, Benjamin Church, John Hancock, Paul Revere y Benedict Arnold.**

137. La Fiesta del Té de Boston se llamó en su momento la «**Destrucción del Té**». Otras ciudades tuvieron sus propias «fiestas del té», pero la de Boston fue la más destructiva.

138. Aunque no hubo víctimas ni heridos, **los británicos se enfurecieron**. Exigieron una compensación por la pérdida del té.

139. Gran Bretaña aprobó varias leyes conocidas como las Leyes Intolerables. Estas leyes restringían aún más los derechos coloniales, lo que provocó más protestas.

140. Primero se aprobó la Ley del Puerto de Boston. Los colonos tenían que devolver el costo del té destruido. Hasta que no lo hicieran, el puerto de Boston sería cerrado.

141. La Ley del Gobierno de Massachusetts puso a Massachusetts bajo el control del gobierno británico. Antes de esta ley, Massachusetts tenía una carta constitucional. Además, se estableció que los habitantes de Massachusetts solo podían celebrar una reunión municipal al año.

142. La Ley de Administración de Justicia permitió a **los funcionarios británicos ser juzgados en Gran Bretaña**, no en Massachusetts.

143. La gente estaba disgustada con esta ley porque los soldados británicos habían tenido un juicio justo después de **la Masacre de Boston**.

144. En la Masacre de Boston, **los soldados británicos dispararon contra una gran multitud de colonos**. Los colonos habían estado lanzando piedras y otros objetos a los soldados. El capitán nunca dio orden de disparar. La mayoría de los soldados fueron absueltos.

145. La **Ley de Acuartelamiento** exigía que se proporcionara alojamiento a las tropas británicas. Esta ley se aplicó a todas las Trece Colonias.

146. Este histórico acto de rebelión **provocó muchas tensiones entre Gran Bretaña y Estados Unidos.** Las Leyes Intolerables no aliviaron las tensiones. Finalmente estalló una revolución en abril de 1775.

147. Las **Leyes Intolerables** pretendían quebrar el espíritu de los colonos. En lugar de ello, **los unieron más**. En septiembre de 1774, doce colonias enviaron representantes al Primer Congreso Continental.

148. **Después del motín del té de Boston,** muchos norteamericanos empezaron a tomar café en lugar de té. El café ya era popular en Estados Unidos, ¡pero los bebedores de café terminaron por superar a los de té!

149. Hoy en día, se pueden visitar **varios museos** dedicados a enseñar la historia de lo que ocurrió en **la Fiesta del Té de Boston.** ¡Incluso se pueden hacer recorridos en barco por el lugar donde arrojaron aquellos 342 barriles a las aguas del puerto!

150. Para conmemorar el aniversario de la Fiesta del Té de Boston **se celebra una recreación en la ciudad.** Los participantes visten ropas coloniales tradicionales e incluso arrojan el té a las aguas del puerto ¡tal y como se hizo entonces!

La revolución estadounidense

En este capítulo examinaremos **la Revolución estadounidense y sus efectos duraderos en Estados Unidos.** Se explora cómo empezó, quiénes participaron y qué acontecimientos condujeron a ella. Conozca algunos **datos sobre las batallas clave** libradas durante esta revolución, como Bunker Hill y Yorktown. Descubra la participación de Francia, el tratado firmado en París después de que **los colonos ganaran su libertad de Gran Bretaña** y las contribuciones realizadas **por los afroestadounidenses y las mujeres.**

151. **La Revolución estadounidense comenzó en 1775** y **terminó** oficialmente **en 1783.**

152. Fue una contienda que se libró principalmente entre **los británicos y los colonos** de lo que se convertiría en Estados Unidos. Ambos bandos contaron con la ayuda de aliados. Los Estados Unidos contaban con la ayuda de Francia, España, los Países Bajos y algunos nativos americanos. Los británicos contaban con la ayuda de los nativos americanos y de los hessianos.

153. **La principal causa del conflicto fueron los impuestos sin representación.** Se habían aprobado muchas leyes que gravaban con impuestos los bienes cotidianos. Además, los colonos no tenían voz en el Parlamento. Con el paso de los años, les quedó claro que su opinión tenía poco peso en Gran Bretaña.

154. Un acontecimiento importante que impulsó a los colonos a luchar en una revolución fue **la masacre de Boston**. El 5 de marzo de 1770, **las tropas británicas dispararon contra una multitud de colonos enfurecidos.** Cinco colonos fueron asesinados, lo que generó un mayor sentimiento antibritánico.

155. Otro acontecimiento importante ocurrió el 16 de diciembre de 1773. Un grupo de colonos disfrazados de *mohawks* arrojaron cientos de cajas de té al agua en puerto de Boston para protestar contra la Ley del Té. Este acontecimiento se conoce como **la Fiesta del Té de Boston.**

156. **El Primer Congreso Continental** se formó el 5 de septiembre de 1774. Los representantes hablaron de formas eficaces de enfrentarse al gobierno británico. **Enviaron una petición al rey**, pidiéndole que eliminara las Leyes Intolerables. Los hombres acordaron reunirse de nuevo si las cosas no cambiaban. El Primer Congreso Continental se disolvió casi dos meses después de su inicio.

157. **John Adams escribió los ensayos Novanglus,** que se publicaron por primera vez en 1774. Estos ensayos defienden la constitucionalidad de la Ley del Sello, pero argumentan que las colonias tenían derecho al **autogobierno**. Estos escritos mostraban la destreza intelectual de su autor, lo que le valió el respeto de sus pares. John Adams fue una figura destacada en la Norteamérica colonial y más tarde llegaría a ser presidente.

158. El 23 de marzo de 1775, **Patrick Henry** pronunció su famoso discurso «**Denme la libertad o denme la muerte**» en la iglesia de San Juan de Richmond, Virginia, mientras instaba a Virginia a reunir tropas para la Revolución estadounidense. Quería que la gente se diera cuenta de que la guerra era inevitable.

159. En 1775, **Thomas Paine** empezó a escribir su famoso panfleto titulado *Common Sense* (Sentido común). Esta obra abogaba por la independencia de Estados Unidos de Gran Bretaña. No se publicó hasta enero de 1776. *Common Sense* se convirtió en uno de los documentos más leídos de la época. Se calcula que al final de la guerra se habían vendido ¡500.000 ejemplares!

160. **Paul Revere realizó su famosa cabalgata de Boston a Lexington** para advertir a los colonos sobre las tropas británicas el 18 de abril de 1775.

161. **Los británicos planeaban** tomar armas y otros suministros porque temían que los colonos estuvieran a punto de rebelarse violentamente. Sus acciones **iniciaron la Revolución estadounidense.**

162. El «**disparo que dio la vuelta al mundo**» tuvo lugar en las batallas de Lexington y Concord. La batalla de Lexington fue menor. En Concord, los dos bandos se enfrentaron hasta que alguien disparó. Hoy en día, nadie sabe qué bando disparó primero.

163. Poco después de las batallas de Lexington y Concord, **se convocó el segundo Congreso Continental.** Esencialmente actuó como gobierno mientras las colonias luchaban por su independencia.

164. **George Washington fue nombrado comandante** en jefe del Ejército Continental el 15 de junio de 1755.

165. **La batalla de Bunker Hill** se libró el 17 de junio de 1775 y es una de las más famosas de la Revolución estadounidense. Aunque los británicos ganaron, sufrieron muchas bajas. Los británicos pronto se dieron cuenta de que **no podían sofocar la rebelión fácilmente.**

166. **La Declaración de Independencia** fue proclamada el 4 de julio de 1776, siendo Thomas Jefferson su principal autor. John Adams, Benjamin Franklin, Robert Livingston y Roger Sherman también redactaron o escribieron partes de ella.

167. **Thomas Jefferson** también redactó el Estatuto de Virginia para la Libertad Religiosa en 1776. Este estatuto proclamaba que nadie debía ser perseguido por motivos religiosos, por sus creencias o por la ausencia de ellas. Este documento fue precursor de la **Primera Enmienda de la Constitución de los Estados Unidos**.

168. La batalla de Trenton se libró el 26 de diciembre de 1776, cuando las fuerzas de **George Washington** cruzaron el río Delaware. **Los colonos sorprendieron a los soldados hessianos** estacionados en la ciudad. Fue una de las victorias más significativas para los estadounidenses durante su guerra de independencia. Ganar la batalla elevó enormemente la moral, que se estaba resintiendo tras las derrotas en Nueva York.

169. El 31 de julio de 1777, **un aristócrata francés llamado Lafayette se convirtió en general de división** del Ejército Continental. Lafayette desempeñó un papel fundamental a la hora de conseguir ayuda de Francia.

170. Aunque **los franceses no se implicaron realmente en la guerra hasta 1778,** Francia desempeñó un papel esencial para ayudar a los norteamericanos a ganar su libertad. Por ejemplo, las flotas francesas ayudaron a bloquear los puertos marítimos para que los soldados británicos no pudieran navegar hacia Estados Unidos. En 1780, **el ejército del general francés Rochambeau llegó** para ayudar a los colonos. Su ayuda en la batalla de Yorktown fue inestimable.

171. Los **nativos americanos** se vieron atrapados en medio de la guerra, con muchas tribus luchando para ambos bandos. Por ejemplo, **los cherokee y los choctaw se pusieron del lado de Gran Bretaña.** La confederación iroquesa estaba dividida, aunque la mayoría de las tribus apoyaban a los británicos.

172. **Las mujeres también desempeñaron un papel activo en la Revolución estadounidense** sirviendo a su país. Atendieron soldados heridos, actuaron como espías, ¡e incluso tomaron las armas contra el enemigo!

173. **Se atribuye a Betsy Ross la creación de la primera bandera de los Estados Unidos,** con estrellas y franjas que representaban a las Trece Colonias. Sin embargo, no hay pruebas firmes de que ella fuera la primera en hacer el diseño. Esta bandera **fue adoptada el 14 de junio de 1777.**

174. Durante la Revolución estadounidense, **los afroestadounidenses desempeñaron un papel crucial** en el esfuerzo bélico. Unos 100.000 afroestadounidenses esclavizados escaparon. **Muchos se unieron a las fuerzas británicas** con la esperanza de encontrar la libertad. Otros sirvieron como espías, mensajeros y exploradores. Los afroestadounidenses también sirvieron como soldados en el **Ejército Continental.**

175. En 1777, el Congreso Continental creó **los Artículos de la Confederación**. Los artículos establecieron **la primera forma de gobierno de los Estados Unidos**. Poco más de diez años después, fueron sustituidos por la Constitución de los EE. UU. tras comprobar que los estados tenían demasiado poder. ¡La Constitución creó los cimientos del **sistema federal de los EE. UU. de hoy!**

176. **Las batallas de Saratoga** se libraron entre las fuerzas británicas y estadounidenses en septiembre y octubre de 1777. Estos conflictos inclinaron la balanza de la guerra a favor de los estadounidenses y **les llevaron a conseguir el apoyo de Francia.**

177. **El sitio de Yorktown** duró del 28 de septiembre al 19 de octubre de 1781. Tropas estadounidenses y francesas sitiaron la ciudad durante tres semanas. **El general británico Cornwallis** se vio finalmente obligado a rendirse. El final del asedio puso fin a las principales operaciones militares de la Revolución estadounidense.

178. El 3 de septiembre de 1783 se firmó **el Tratado de París.** En él se reconocía oficialmente a **Estados Unidos como nación independiente.** La nueva nación obtuvo todo lo que estaba al norte de Florida, al sur de Canadá y al este del río Misisipi.

179. **Benjamin Franklin, John Adams y John Jay** ayudaron a negociar **el Tratado de París.** Francia, España y los Países Bajos firmaron tratados separados con Gran Bretaña.

180. **Tras obtener la libertad de Gran Bretaña,** Estados Unidos comenzó a establecer su gobierno y a redactar leyes y reglamentos, dando lugar a lo que hoy conocemos como los EE. UU. actuales.

La Convención Constitucional y la Constitución de Estados Unidos

Este capítulo explora la historia y los elementos clave de **la Convención Constitucional y la Constitución de los Estados Unidos**.

Con estos **treinta datos**, comprenderá cómo **los padres fundadores** crearon un documento para garantizar que los ciudadanos tuvieran derechos, se libraran de la opresión y del trato injusto por parte de los demás y del gobierno. También se examina **la Declaración de Derechos,** que describe libertades importantes. Por último, se da un repaso a la importancia de comprender este **documento revolucionario** para mantener fuerte a Estados Unidos.

181. **La Convención Constitucional** fue una reunión de delegados de las antiguas Trece Colonias en 1787 para discutir y formar un plan sobre cómo gobernar la nueva nación.

182. **Rhode Island no asistió** a la Convención Constitucional. Le preocupaba que el nuevo documento restara poder al estado. Rhode Island fue el último estado en ratificar la Constitución.

183. Muchos de los hombres que se reunieron en la Convención Constitucional fueron conocidos como los **padres fundadores**. Estos hombres ayudaron a establecer la nueva nación. Algunos estudiosos creen que todos los hombres de la Convención Constitucional fueron padres fundadores porque ayudaron a elaborar la Constitución de los Estados Unidos.

184. Algunos **padres fundadores** importantes no firmaron la Constitución. **Thomas Jefferson y John Adams** se encontraban en Europa durante la Convención Constitucional, por lo que no llegaron a firmar el documento.

185. Los hombres que se reunieron en la convención querían garantizar que **los ciudadanos tuvieran derechos**, entre ellos el de no sufrir opresión ni un trato injusto por parte de otras personas o gobiernos. Para ellos era importante que la nueva nación **no se pareciera a Gran Bretaña**.

186. Al principio, hubo discusiones sobre **cuánto poder debía tener cada estado** y qué tipo de leyes debían aplicarse en todos los Estados Unidos.

187. Finalmente, acordaron un sistema. **El Congreso tendría poderes específicos**, mientras que los estados individuales tendrían cierto control sobre sus asuntos. Esto se conoce como **federalismo**.

188. Los hombres de **la Convención Constitucional** tardaron cuatro meses (de mayo a septiembre) en plasmar sus ideas en un documento. Este documento se convirtió en **la Constitución de los Estados Unidos.**

189. **Jacob Shallus,** un empleado de Pensilvania, transcribió el documento. Le pagaron treinta dólares, lo que hoy equivaldría a unos 730 dólares.

190. Pasaron **diez meses antes de que suficientes estados** ratificaran la Constitución para que pudiera convertirse en Ley. A algunas personas les preocupaba que la Constitución otorgara demasiado poder al gobierno central.

191. Aunque se nombraron setenta delegados para **la Convención Constitucional**, solo se presentaron cincuenta y cinco. Y de esos cincuenta y cinco, solo firmaron treinta y nueve. Algunos enfermaron y otros se fueron. Pero algunos se negaron rotundamente a firmar el documento por la falta de una **Declaración de Derechos.**

192. **La Constitución** estableció tres poderes de gobierno: **ejecutivo** (el presidente y su equipo), **legislativo** (el Congreso) y **judicial** (la Corte Suprema).

193. Este sistema garantiza que ninguna rama tenga demasiado poder sobre otra. Se llama **separación de poderes** o sistema de pesos y contrapesos.

194. **La Constitución** también permitía enmiendas, que son cambios para adaptarla a la nación a medida que pasa el tiempo.

195. **La Constitución** original no mencionaba a las **mujeres** ni a los afroestadounidenses **esclavizados.**

196. **La Declaración de Derechos** se redactó cuatro años más tarde para garantizar que todos tuvieran acceso a los derechos básicos. Estos derechos incluyen la **libertad de expresión, religión, protesta** y más. Sin embargo, algunos grupos de personas, como las mujeres, los afroestadounidenses y los nativos americanos, no llegaron a disfrutar de estos derechos hasta más tarde. **La Declaración de Derechos comprende las diez primeras enmiendas de la Constitución.**

197. **La Constitución** sustituyó **a los Artículos de la Confederación**. Los Artículos de la Confederación daban más poder a los estados, y Estados Unidos necesitaba un gobierno central más fuerte después de la guerra.

198. La Constitución también estableció **el Colegio Electoral.** En la actualidad, los estadounidenses votan al presidente. Cada estado obtiene un determinado número de votos electorales en función de su presencia en el Congreso. El presidente se determina en función del número de votos electorales recibidos. Así, es posible que un presidente pierda el voto popular (el voto del pueblo) y aun así gane el voto electoral.

199. **La Constitución** también describe el proceso de elección de senadores y representantes al Congreso. Estas personas actúan como la voz de los estados en el gobierno central.

200. Sin embargo, **la Constitución original no establecía que todo el mundo tuviera derecho a votar.** La decisión sobre quién podía votar correspondía a los estados.

201. Este documento **protege a las personas del abuso de poder por parte del gobierno federal, estatal y local,** de modo que ninguna persona pueda gobernar sobre el pueblo sin su consentimiento.

202. **La Constitución establece** que ambas cámaras del Congreso deben aprobar las leyes antes de que se conviertan en leyes oficiales.

203. **Prohíbe a los estados** celebrar ciertos acuerdos entre sí o con países extranjeros sin el permiso previo del Congreso.

204. **La Constitución** solo puede modificarse si más de tres cuartas partes de los estados están de acuerdo. Esto se hizo para que pequeños **grupos no pudieran hacer cambios** cuando quisieran.

205. **Desde 1787 se han añadido veintisiete enmiendas** al documento original. Muchas de ellas otorgan a los estadounidenses más derechos o amplían los originales.

206. **La Constitución es la piedra angular de Estados Unidos.** Es lo que hace de la nación una democracia. También garantiza que todo el mundo tenga los mismos derechos en el país.

207. **Aunque a Estados Unidos no se le atribuye la invención de la democracia,** inventó el tipo de democracia que conocemos hoy en día. Además, EE. UU. es la democracia continua más antigua del mundo.

208. **La Constitución fue revolucionaria** cuando se redactó y sigue siéndolo hoy. Casi ninguna nación del mundo era libre cuando se firmó la Constitución.

209. El **día de la Constitución** se celebra el **17 de septiembre**, día en que se firmó.

210. En 1789, **George Washington** declaró que el **26 de noviembre** sería un día de **acción de gracias por la Constitución**. Fue la primera vez que un presidente reconoció la festividad de Acción de Gracias.

El Primer presidente de Estados Unidos

Este capítulo explora la vida y el legado de George Washington, el primer presidente de los Estados Unidos. Se presentan treinta datos interesantes sobre sus primeros años de vida, su carrera militar, su carrera política y su retiro en Mount Vernon. Además, aprenderá algunos datos curiosos sobre el hombre que era.

211. **George Washington** fue el primer presidente de Estados Unidos. Sirvió desde **1789 hasta 1797**.

212. Se le conoce como el «**Padre de la Patria**.»

213. El rostro de Washington aparece en el **billete estadounidense de un dólar** y en el de 25 centavos.

214. **George Washington nació en Virginia** el 22 de febrero de 1732, en el seno de una familia rica que poseía esclavos. Vivió en una plantación llamada Mount Vernon.

215. No tenía segundo nombre. Pero tenía **tres hermanos menores**, dos de los cuales, John Augustine y Samuel, llegaron a ser oficiales en la guerra de la Independencia estadounidense. También tuvo otros hermanos y hermanastros.

216. A la edad de once años, la educación formal de Washington terminó porque su padre murió. En lugar de ir a Inglaterra para recibir una educación, **trabajó como topógrafo en los EE. UU.** antes de unirse al ejército, justo antes de que estallara la guerra franco-india.

217. Washington fue en gran parte autodidacta. En 1744 transcribió un manual de etiqueta. El ejercicio de Washington se conoció como *Rules of Civility & Decent Behavior in Company and Conversation* (Reglas de urbanidad y comportamiento decente en compañía y conversación). En él se detallan consejos sobre cómo actuar con los demás. Se cree que estas directrices desempeñaron un papel crucial en la forma en que Washington se conducía.

218. **Washington se casó con Martha Dandridge Custis** cuando tenía veintiséis años. Ella traía dos hijos de su matrimonio anterior y los criaron juntos. **Washington no tuvo hijos biológicos**.

219. **George Washington fue uno de los padres fundadores de Estados Unidos.** Otros padres fundadores populares son Thomas Jefferson, Benjamin Franklin y John Adams.

220. **Washington fue un líder crucial en la Revolución estadounidense.**

221. **Es conocido por cruzar el río Delaware** con tropas para tomar Trenton durante la guerra de la Independencia gracias a un famoso cuadro. La batalla ayudó a subir la moral.

222. Fue **nombrado comandante en jefe del Ejército Continental** en 1775. Dimitió oficialmente de su cargo en diciembre de 1783.

223. En junio de 1787, **George Washington asistió a la Convención Constitucional**. Fue nombrado presidente. Presidió los debates entre los delegados sobre la mejor manera de organizar un nuevo gobierno para los Estados Unidos de América.

224. En 1789, George Washington se convirtió en el **primer presidente de los Estados Unidos.**

225. Durante su presidencia, **sentó precedentes que aún hoy se mantienen.** Por ejemplo, nombró a miembros de su gabinete para que le asesoraran en las decisiones políticas y creó un departamento ejecutivo. Pronunció el primer discurso sobre el Estado de la Unión y **creó relaciones diplomáticas entre Estados Unidos y otros países**. Bajo su presidencia se creó un banco nacional.

226. Casi seiscientos esclavos trabajaron en Mount Vernon durante su vida. **Con el tiempo se pronunció contra la esclavitud,** calificándola de «reproche a la naturaleza humana». Sin embargo, nunca denunció la práctica en público. Abogaba por una emancipación gradual en lugar de un cambio repentino y drástico que pudiera provocar malestar social o revueltas entre los esclavos liberados que no tuvieran medios de subsistencia. George Washington liberó a todos sus esclavos en su testamento.

227. **Era masón** y ejerció como venerable maestro de su logia en Alexandria, Virginia. Los francmasones eran una orden secreta a la que solo podían pertenecer los hombres. ¡Todavía existen hoy en día!

228. **Washington poseía una gran colección de libros** sobre temas como filosofía, matemáticas, política, etc.

229. **Washington solo hablaba inglés,** por lo que necesitaba traductores cuando trataba con colonos de países extranjeros.

230. **George Washington fue miembro fundador de la Sociedad para la Promoción de la Agricultura**. Esta organización animaba a la gente que vivía en zonas rurales a convertirse en mejores agricultores compartiendo ideas sobre métodos de rotación de cultivos y otras técnicas agrícolas.

231. **Era un gran aficionado a la equitación** y tuvo muchos caballos a lo largo de su vida, incluso algunos criados especialmente para las carreras.

232. **George Washington tenía una dentadura postiza hecha de marfil** que se mantenía unida por resortes. La gente tiende a decir que tenía dientes de madera, pero eso es un mito. Sus dientes postizos a menudo le causaban un gran dolor al comer o hablar, por lo que no era raro verle sin ellos.

233. **Le encantaba pescar** y salía regularmente a Mount Vernon. El pescado era su comida favorita.

234. **A Washington le gustaba beber** y tenía varias bebidas alcohólicas favoritas. Sin embargo, bebía con moderación, ya que conocía los efectos de beber demasiado alcohol.

235. **Washington fue elegido por unanimidad para un segundo mandato**. Se retiró del cargo a la edad de sesenta y cinco años, después de servir dos mandatos como presidente. Sentó un precedente. La única persona que ocupó el cargo durante más de dos mandatos fue Franklin Delano Roosevelt. Tras la muerte de Roosevelt, una enmienda creó un límite de dos mandatos en la presidencia.

236. **Cuando Washington llegó a la presidencia**, solo había trece estados. Al final de su vida, había dieciséis estados en la unión.

237. El discurso de despedida de **Washington** de 1796 advertía a los estadounidenses de mantenerse alejados de los enredos extranjeros y **evitar la formación de partidos políticos**. También desaconsejó la acumulación de deuda por parte de individuos y gobiernos.

238. **Tras su presidencia, se trasladó de nuevo a Mount Vernon,** donde pasó el resto de su vida supervisando las operaciones comerciales de la plantación. También cultivó trigo para la exportación. Murió el 14 de diciembre de 1799, a causa de una enfermedad relacionada con una infección de garganta.

239. **George Washington es considerado uno de los mejores presidentes de Estados Unidos.** Era conocido por su integridad, honestidad y gran capacidad de liderazgo. Sus cualidades le valieron un gran respeto de ambos lados de la división política durante los primeros días de Estados Unidos como joven nación.

240. **En 1885, el Congreso creó un día festivo anual con el nombre de Washington para reconocer todo lo que logró como presidente.** Inicialmente, la fiesta se celebraba el día del cumpleaños de Washington. Más tarde, se cambió al tercer lunes de febrero y se transformó en el día de los presidentes.

La guerra de 1812

Este capítulo explora la historia y los elementos clave de **la guerra de 1812**. Esta guerra se libró **entre Estados Unidos y Gran Bretaña**. Con estos treinta datos podrá saber cómo este conflicto ayudó a consolidar la independencia de Estados Unidos del dominio británico. También conocerá **héroes estadounidenses** como **Andrew Jackson y Oliver Hazard Perry,** que dirigieron batallas durante esta guerra. Descubra los importantes resultados de la guerra de 1812, incluida una línea fronteriza que sigue vigente hoy en día.

241. La guerra de 1812 se libró **entre Estados Unidos y Gran Bretaña**.

242. Duró dos años y ocho meses, **de junio de 1812 a febrero de 1814.**

243. Ambos bandos intentaban obtener un mayor control sobre los territorios terrestres y marítimos de **América del Norte.**

244. El reclutamiento de marineros fue un gran problema. Los británicos **reclutaban a la fuerza a marineros estadounidenses para servir en barcos británicos.**

245. **Estados Unidos también estaba molesto por el bloqueo británico a Francia.** Estados Unidos era una nación nueva y necesitaba socios comerciales para mantenerse. **Las guerras napoleónicas estaban en pleno apogeo en Europa**. Se hizo evidente que Estados Unidos no podía permanecer neutral, especialmente después de que Francia bloqueara a Gran Bretaña.

246. El 18 de junio de 1812, el **presidente James Madison** firmó la declaración de guerra.

247. **Gran Bretaña estaba ocupada luchando contra Francia en Europa** al comienzo de la guerra. Envió unas cinco mil personas al principio. Al final de la guerra, luchaban casi cincuenta mil hombres.

248. **Estados Unidos contaba con unos siete mil soldados al comienzo de la guerra**. Al final, casi treinta y seis mil hombres participaban en los conflictos.

249. **La guerra de 1812 tuvo lugar en gran parte en Canadá**, aunque varias batallas clave ocurrieron en la región de los Grandes lagos de EE. UU.

250. La primera batalla de la guerra fue **el sitio del fuerte Mackinac, en julio de 1812**. «batalla» es una palabra demasiado fuerte. Los soldados de la isla Mackinac, en Michigan, ni siquiera sabían que había estallado la guerra. Se rindieron a los británicos sin luchar.

251. **Muchos nativos americanos lucharon junto a los británicos durante la guerra.** Al terminar el conflicto, se dieron cuenta de que Gran Bretaña ya no les ayudaría a protegerse de la afluencia de colonos que se dirigían hacia el oeste.

252. **Tecumseh era un jefe *shawnee* que dirigía una confederación de tribus.** Ayudó a los británicos durante la guerra y desempeñó un papel decisivo en la toma del fuerte de Detroit a los Estados Unidos.

253. **Tecumseh murió durante la batalla del Támesis en octubre de 1813.** Su muerte provocó la fragmentación de la confederación.

254. **El general Andrew Jackson dirigió algunas de las fuerzas estadounidenses en la guerra.** Obtuvo victorias cruciales, como la batalla de Nueva Orleans, en enero de 1815. En realidad, esta batalla se libró después de que se hubiera firmado el tratado de paz en ultramar.

255. **Jackson se convertiría más tarde en presidente**. Y no fue el único futuro presidente que luchó en la guerra de 1812. John Quincy Adams, James Monroe y William Henry Harrison también lucharon en esta guerra.

256. **Al principio de la guerra, ¡la marina estadounidense solo contaba con dieciséis barcos!** Sin embargo, contaba con cientos de buques más pequeños. La armada británica era mucho mayor, pero tenía que lidiar con las guerras Napoleónicas en Europa.

257. **La marina estadounidense tuvo un gran éxito en la guerra de 1812**. La *Royal Navy* británica era considerada la mejor del mundo, pero los estadounidenses derrotaron a los británicos en varias batallas clave, como la batalla del Lago Erie, en septiembre de 1813.

258. **El comodoro Oliver Hazard Perry condujo a la armada estadounidense a la victoria en la batalla del Lago Erie.** Estados Unidos mantuvo el control del lago durante el resto de la guerra. Esta victoria les permitió ganar la batalla del Támesis y acabar con la confederación de Tecumseh. Estados Unidos también pudo recuperar el fuerte de Detroit.

259. **En agosto de 1814, los británicos incendiaron la Casa Blanca, el Capitolio** y otros edificios. Se cree que la primera dama, Dolley Madison, salvó el retrato de George Washington, que aún hoy cuelga en la Casa Blanca.

260. **Cuatro días después, una gran tormenta y un tornado** arrasaron la zona, extinguiendo las llamas. Aunque el clima apagó los incendios, también causó más destrucción.

261. Durante la guerra, **Francis Scott Key** escribió un poema titulado **«Defensa del fuerte M'Henry».** El poema se convirtió en la letra de *«The Star-Spangled Banner»*, que más tarde se convirtió en el himno nacional de Estados Unidos.

262. Escribió el poema tras presenciar la **batalla de Baltimore**, que se libró en septiembre de 1814. El poema tiene cuatro estrofas. La primera estrofa es la que se canta comúnmente hoy en día.

263. Aunque ninguno de los bandos logró una victoria total, este conflicto se conoció como **la segunda guerra de la Independencia,** porque solidificó la independencia de Estados Unidos del dominio británico.

264. **El tratado de Gante** se firmó en diciembre de 1814, poniendo fin oficialmente a la guerra. Dado que ninguno de los bandos había ganado técnicamente, el tratado restableció el *«status quo ante bellum»* (lo que significa que ambos bandos acordaron devolver cualquier tierra o bien capturado durante la guerra).

265. **El tratado de Gante** estableció una línea fronteriza entre Canadá y Estados Unidos. Esta línea sigue existiendo hoy en día.

266. **Después de la guerra, el comercio norteamericano con Gran Bretaña aumentó.** Más colonos llegaron a Estados Unidos en busca de nuevas tierras y una nueva vida.

267. **En el período posterior a la guerra se produjo un rápido crecimiento de la industria y la economía** de Estados Unidos debido a la mejora de las relaciones comerciales con Gran Bretaña y otros países europeos.

268. **La guerra de 1812 también ayudó a dar forma a las fuerzas militares y navales del país.** Por ejemplo, Winfield Scott introdujo un sistema de entrenamiento que mejoró el rendimiento del ejército estadounidense.

269. Muchos monumentos dedicados a quienes sirvieron o murieron durante este conflicto siguen en pie hoy en día **para recordar lo que consiguieron** para las generaciones futuras.

270. **La guerra de 1812** contribuyó a forjar una identidad nacional más sólida y a aumentar el orgullo de ser estadounidense.

La Ley de Traslado de Indios y el Sendero de lágrimas

Este capítulo explora la Ley de Traslado de Indios y su devastador impacto sobre las tribus de nativos americanos en Estados Unidos. Se ve cómo esta ley condujo a traslados forzosos y al **Sendero de lágrimas**, un largo viaje en el que miles de personas sufrieron penurias.

271. **La Ley de Traslado de Indios** fue aprobada por el Congreso de Estados Unidos el **28 de mayo de 1830**, durante la presidencia de Andrew Jackson.

272. **La ley permitía expulsar por la fuerza a los nativos americanos de sus tierras** al este del río Misisipi. Debían ser reubicados en tierras al oeste del río, adquiridas mediante tratados con otras tribus.

273. El **presidente Andrew Jackson** es una de las principales figuras responsables de aprobar la Ley de Traslado de Indios y de autorizar su aplicación. La ley contó con la oposición de congresistas como **Henry Clay, Daniel Webster y Davy Crockett.**

274. **Jackson creía que la expulsión era la mejor manera de hacer crecer la economía estadounidense.** Decía que deshacerse de los nativos americanos permitía a estados como Alabama y Mississippi «avanzar rápidamente en población, riqueza y poder».

275. Tras la aprobación de la Ley de Traslado de Indios, muchos **líderes nativos americanos intentaron resistirse al traslado** apelando directamente a la Corte Suprema de Estados Unidos. También lo solicitaron al propio presidente Jackson, aunque sus súplicas cayeron en saco roto.

276. **En 1832, la Corte Suprema declaró que las «naciones indígenas» eran naciones separadas** y que EE. UU. debía tratar a los nativos americanos como trataría a cualquier otra nación. Aunque la sentencia nunca se aplicó, sentó las bases de la soberanía tribal.

277. Más de cuarenta y seis mil nativos americanos se vieron obligados a abandonar sus hogares ancestrales debido a esta ley. Las cinco tribus principales a las que afectó fueron los cherokee, los muscogee (creek), los choctaw, los seminola y los chickasaw.

278. Estos pueblos emprendieron un viaje conocido como el **Sendero de lágrimas**. Recorrieron más de cinco mil millas, aunque lo que viajaron los nativos americanos dependía de dónde vivían.

279. El sendero atravesaba terrenos escarpados. **Los nativos americanos soportaron duras condiciones con poca comida** o suministros proporcionados por los agentes del gobierno federal designados para supervisar su proceso de reubicación.

280. **Se desconoce el número de muertos en el Sendero de lágrimas.** Se estima que al menos diez mil nativos americanos murieron durante esta larga caminata debido al agotamiento, la desnutrición, las enfermedades y el clima.

281. **Solo los cherokees sufrieron al menos cuatro mil muertes.** El número de muertos total llega hasta seis mil.

282. **John Ross era el jefe de los cherokees.** Era solo un octavo Cherokee, pero creció con esta tribu. Los cherokees son matrilineales, y su madre era cherokee. Luchó mucho para que los cherokees permanecieran en su tierra natal. Su esposa murió en el Sedero de lágrimas.

283. **La mayoría de los nativos americanos viajaban a pie**, aunque algunos lo hacían en barco, en carretas o a caballo.

284. **El Sendero de lágrimas duró varios años**. La gente fue expulsada del sudeste desde 1830 hasta 1850.

285. **La Ley de Traslado de Indios condujo a una guerra**. La segunda guerra Seminola se libró porque los EE. UU. habían anulado un tratado anterior con la aprobación de la ley. Los seminolas fueron derrotados en esta guerra.

286. Tras el traslado, **las propiedades** que antes estaban en manos **de los nativos americanos** fueron confiscadas y **entregadas a los colonos blancos** o tomadas por el gobierno.

287. Este periodo de la historia sigue siendo controvertido hoy en día. **Conllevó un gran sufrimiento para los nativos americanos** y sus familias, y muchos de ellos fueron obligados a abandonar sus hogares a punta de pistola.

288. **A pesar de estas penurias, algunos nativos americanos se resistieron a la expulsión por medios legales**. Otros utilizaron tácticas de guerrilla, como el sabotaje o los intentos de fuga para enfrentarse a las tropas estadounidenses.

289. **La Ley de Traslado de Indios no expulsó a todos los indígenas del sureste**. Por ejemplo, algunos eludieron al ejército estadounidense y se perdieron en los bosques del sudeste. A algunos cherokees se les permitió permanecer en Carolina del Norte tras ayudar al ejército estadounidense.

290. Los que fueron expulsados **vivían en reservas establecidas, que en su mayoría estaban situadas en Oklahoma**. La tierra era diferente a la que estaban acostumbrados, y también tuvieron que lidiar con otras tribus que ya vivían allí.

291. **En la actualidad, hay unos cinco millones de nativos americanos en Estados Unidos.** Alrededor del 30 por ciento de ellos viven en reservas.

292. **La Ley de Traslado de Indios** tuvo consecuencias de gran alcance. Las comunidades de nativos americanos a ambos lados del río Misisipí sufrieron disparidades económicas y disputas por la tierra durante generaciones.

293. No se sabe con certeza de dónde procede el nombre de «Sendero de lágrimas». El nombre se imprimió por primera vez en 1908.

294. **La Ley de Traslado de Indios fue derogada en 1980.**

295. **El Sendero Histórico Nacional del Camino de las Lágrimas** se estableció en 1987. Se extiende por nueve estados, desde Georgia hasta Oklahoma y al norte hasta Illinois.

296. **El sendero es un monumento en memoria de quienes perdieron la vida.** También sirve como recordatorio de que la política del gobierno estadounidense hacia los nativos americanos no siempre ha sido justa.

297. **El sendero** preserva sitios culturales críticos a lo largo de la ruta, como cementerios, aldeas y lugares sagrados.

298. **Cada año, muchas personas visitan partes del camino original** que los nativos americanos se vieron obligados a recorrer cuando fueron expulsados a la fuerza de sus hogares.

299. **Muchos activistas nativos americanos han condenado la Ley de Traslado de Indios** a lo largo de los años. Los historiadores también han despreciado la ley debido a su devastador impacto sobre las poblaciones indígenas.

300. **La Ley de Traslado de Indios también se consideró una violación** de varios tratados firmados entre el gobierno estadounidense y las tribus. Se suponía que los tratados protegían sus derechos, pero provocaron su desplazamiento sin compensación ni protección.

La guerra civil

Este capítulo explorará **la historia de la guerra civil**, un conflicto que duró de 1861 a 1865. Más de tres millones de soldados lucharon por sus creencias. Examinaremos treinta datos interesantes sobre cómo lucharon **el Norte (la Unión) y el Sur (la Confederación),** qué estrategias emplearon ambos bandos y por qué el Sur decidió separarse de la Unión en primer lugar. Además, examinaremos el impacto que tuvo en los afroestadounidenses que obtuvieron la libertad durante este periodo.

301. **La guerra civil se libró entre 1861 y 1865** en los Estados Unidos de América.

302. Fue una guerra **entre el Norte** (la Unión) **y el Sur** (la Confederación).

303. La causa principal de **la guerra fue la esclavitud,** ya que muchos estaban en desacuerdo sobre si debía permitirse.

304. **Abraham Lincoln se convirtió en presidente** en 1860 y fue investido (entró en funciones) en 1861.

305. Aunque **Lincoln** nunca expresó su deseo de abolir la esclavitud por completo, al Sur le preocupaba que el nuevo gobierno republicano pudiera hacerlo. Antes de la toma de posesión de Lincoln, siete **estados del Sur ya habían abandonado la Unión.**

306. El 8 de febrero de 1861 **se fundaron oficialmente los Estados Confederados de América**. En total, once estados se separaron de la Unión.

307. La primera batalla de **la guerra civil** tuvo lugar en **Fort Sumter,** en Carolina del Sur, en abril de 1861, cuando los confederados dispararon contra las tropas estadounidenses estacionadas allí. Nadie murió en el combate y los Estados Unidos evacuaron el fuerte.

308. **La primera batalla de Bull Run tuvo lugar en Virginia** el 21 de julio de 1861. La Unión esperaba una victoria fácil; los Confederados se impusieron. Thomas J. Jackson se ganó su famoso apodo, «Stonewall», en esta batalla por mantener la línea.

309. En **la batalla de Shiloh**, que tuvo lugar en el norte de Tennessee en 1862, se produjeron aproximadamente veintitrés mil bajas en sólo dos días, lo que la convirtió en una de las batallas más sangrientas de **la guerra civil**.

310. **La batalla de Antietam** tuvo lugar en septiembre de 1862 en Maryland. Antes de esta batalla, **la Confederación acababa de conseguir una importante victoria** en la segunda batalla de Bull Run y esperaba otra victoria. La Unión pudo repeler la invasión del norte de la Confederación.

311. **La batalla de Antietam** allanó el camino para que el presidente Lincoln emitiera su famosa *Proclamación de emancipación* en enero de 1863. Liberó a todos los esclavos de los «estados rebeldes». Los estados fronterizos (estados esclavistas que no se separaron) no se vieron afectados por la *Proclamación de emancipación*.

312. En julio de 1863 tuvo lugar una de las batallas más importantes de la guerra civil: **la batalla de Gettysburg.** Esta batalla se considera el punto de inflexión de la guerra. **La Unión detuvo los planes de invasión de los Confederados** y los puso a la defensiva.

313. La famosa Carga de Pickett fue ordenada por el **general confederado Robert E. Lee.** Quería romper las líneas de la Unión en Gettysburg, pero fracasó y costó miles de bajas. Gettysburg fue la batalla más sangrienta de la guerra.

314. **Abraham Lincoln** pronunció su memorable *Discurso de Gettysburg* unos cuatro meses después de la victoria de la Unión en el sitio de aquella batalla, erigiendo su lugar en la historia.

315. En 1862, **el Congreso aprobó una ley que liberaba a los esclavos cuyos amos luchaban para el Sur.** Los voluntarios afroestadounidenses se alistaron en masa en el ejército de la Unión. Casi 180.000 afroestadounidenses sirvieron en el ejército, mientras que 19.000 lo hicieron en la marina.

316. **Las mujeres desempeñaron un papel esencial en ambos bandos.** Enfermeras como Clara Barton ayudaron a los soldados heridos en los hospitales del campo de batalla y recaudaron fondos para los esfuerzos de socorrerlos.

317. **Ambos bandos utilizaron nuevas tecnologías navales**, como los acorazados y los submarinos. Los acorazados se utilizaron por primera vez en la guerra civil estadounidense. Y un submarino Confederado fue el primero en hundir un barco enemigo.

318. **La guerra civil** también tuvo la introducción de nuevas armas, como la nueva versión de rifle de repetición Spencer y los cañones Gatling. Estas armas cambiarían la forma de la guerra para siempre.

319. **Los generales William Sherman y Philip Sheridan** son famosos por su política de tierra quemada. Quemaron pueblos del Sur para privar a las tropas confederadas de refugio y suministros.

320. El 9 de abril de 1865, el **general Robert E. Lee** se rindió en Appomattox Court House, poniendo fin a las hostilidades entre el Norte y el Sur.

321. **Aproximadamente 620.000 soldados murieron** durante los cuatro años de lucha. La guerra civil está considerada como la guerra más sangrienta de la historia de Estados Unidos.

322. Tras la derrota, **algunos confederados huyeron a través de la frontera hacia México y Brasil**, donde formaron comunidades conocidas como colonias confederadas.

323. El **presidente Lincoln** fue asesinado el 14 de abril de 1865, poco después de ganar la reelección para un segundo mandato y poco después de terminar la guerra civil.

324. Tras la muerte de Lincoln, **Andrew Johnson** se convirtió en presidente y supervisó los esfuerzos de la Reconstrucción. También concedió indultos a muchos ex confederados que habían luchado contra las fuerzas de la Unión.

325. **La era de la Reconstrucción** comenzó poco después de la conclusión de la guerra y duró hasta 1877, cuando las tropas del gobierno estadounidense se retiraron de los antiguos estados confederados.

326. **Tras cuatro años de guerra,** muchas ciudades y pueblos quedaron destruidos en todo el Sur. Algunas tardarían décadas en reconstruirse.

327. **En 1865 se aprobó la Decimotercera Enmienda,** que ilegalizaba oficialmente la esclavitud en todo el territorio de los Estados Unidos de América.

328. **En 1866, el Congreso aprobó la Decimocuarta Enmienda**, que otorgaba a los antiguos esclavos los mismos derechos que figuraban en la Declaración de Derechos. La enmienda no se aplicaba a las mujeres de ninguna raza.

329. **En 1869, se aprobó la Decimoquinta Enmienda.** Esta enmienda protegía el derecho al voto de los varones negros.

330. **Hoy en día se debate hasta qué punto la Reconstrucción ayudó al país.** El país se recompuso tras la guerra, pero los afroestadounidenses seguían sufriendo discriminación y segregación. Las cosas no empezaron a mejorar para ellos hasta la década de 1960.

El viejo Oeste

Este capítulo explorará **la historia de la vida en el viejo Oeste entre 1865 y 1895.** Echaremos un vistazo a treinta datos interesantes sobre lo que ocurrió durante este emblemático periodo de tiempo, como **la fiebre del oro, los famosos forajidos** que se ganaron su notoriedad gracias a atrevidos atracos y robos, detalles sobre **cómo vivían los vaqueros** mientras arreaban el ganado en largos viajes, ¡y mucho más! Descubra a jefes famosos como **Toro Sentado**, que luchó valientemente contra las fuerzas estadounidenses, y otros aspectos importantes de la vida en el Oeste que ayudaron a convertir a Estados Unidos en lo que es hoy.

331. **El viejo Oeste** fue un período en los Estados Unidos entre 1865 y 1895.

332. **Los *cowboys* eran hombres** que arreaban ganado en largos viajes llamados viajes de ganado. También hacían otras cosas, como cuidar caballos y reparar cercas.

333. **Los vaqueros tardaban** meses en completar sus **viajes.** A menudo se enfrentaban al peligro de los cuatreros que intentaban robarles el ganado.

334. Otros peligros como leones de montaña, serpientes de cascabel, lobos y osos acechaban en cada esquina, por lo que **los vaqueros debían tener cuidado** mientras estaban en la pradera.

335. **Los vaqueros dormían bajo las estrellas.** También llevaban una tienda de lona por si el clima no era favorable.

336. **Los vaqueros llevaban grandes sombreros** que los protegían del sol mientras arreaban el ganado durante largas jornadas de calor o lluvia.

337. **Los vaqueros comían muchas judías y ternera** mientras arreaban el ganado. También comían galletas duras y frutos secos. El café era su bebida preferida.

338. **Buffalo Bill Cody** organizó el primer gran rodeo en 1882. En los rodeos, la gente podía mostrar sus habilidades enlazando terneros o montando caballos salvajes. Estos eventos atraían a grandes multitudes de espectadores que buscaban entretenimiento de otro tipo.

339. **Los pistoleros eran expertos tiradores que podían disparar con precisión**, a veces incluso a caballo. El tiro al blanco se hizo muy popular durante esta época. Buffalo Bill incluso hizo un espectáculo itinerante que incluía trucos y jugadas con armas de fantasía. Sus espectáculos estaban protagonizados por **Annie Oakley, Toro Sentado y Wild Bill Hickok.**

340. **La gente que se trasladaba al Oeste se enfrentaba a muchos retos.** Llegar a su nuevo hogar era difícil, ya que todo tenía que ser trasladado en carreta. Y una vez que la nueva familia llegaba, tenía que construir una cabaña y un granero y luego plantar cultivos. Y eso sumaba otras tareas, como cocinar, limpiar y reparar objetos.

341. **La vida era dura en la frontera**. Había pocas tiendas o médicos, así que había que estar preparado para cualquier cosa que pudiera ocurrir.

342. **Wells Fargo** fue un importante servicio de reparto de correo establecido en California en 1852. Utilizaba diligencias en lugar de jinetes para las largas distancias.

343. **El Pony Express** era una forma de enviar cartas y noticias a través del país. Se creó en 1860. Los jinetes viajaban a caballo y **transportaban el correo largas distancias**. Las estaciones del Pony Express proporcionaban un lugar para descansar, comer y conseguir un caballo fresco para la siguiente etapa del viaje.

344. **El Ferrocarril Transcontinental** se construyó entre 1863 y 1869. Conectaba los estados del este con California, lo que facilitó mucho los viajes hacia el Oeste.

345. **Los colonos también tuvieron problemas con los nativos americanos**, que vivían de la tierra desde mucho antes de que llegaran los colonos. Las tribus cazaban, cultivaban, pescaban y recolectaban alimentos en el Oeste.

346. La afluencia de colonos provocó enfrentamientos con los nativos americanos. Se recurrió a las fuerzas estadounidenses para luchar contra los nativos. **Las tribus estaban molestas porque los colonos les estaban arrebatando sus tierras** y cazaban búfalos hasta casi extinguirlos.

347. **Antaño, millones de búfalos vagaban libremente en grandes manadas por el Oeste,** pero a medida que los colonos se desplazaban hacia el Oeste, los mataban para alimentarse y por deporte. Los búfalos también sufrieron enfermedades y sequías.

348. En 1889, **quedaban menos de seiscientos búfalos en las Grandes Llanuras.**

349. **Los nativos americanos formaron poderosas alianzas** a medida que los colonos seguían avanzando hacia el Oeste. Jefes como **Toro Sentado lucharon contra las fuerzas estadounidenses** para proteger a su pueblo.

350. **Toro Sentado era un líder Hunkpapa Lakota.** Dirigió las fuerzas nativas contra el teniente coronel George Custer en la batalla de Little Bighorn. Todos los miembros del batallón de Custer murieron.

351. **Caballo Loco también luchó en la batalla de Little Bighorn,** que tuvo lugar en 1876. Caballo Loco es más recordado por su trágica muerte. Fue asesinado por un soldado estadounidense tras resistirse a ser arrestado. Al día de hoy, no se sabe con certeza si alguna vez se resistió.

352. **Los soldados Búfalo eran unidades de caballería afroestadounidense** del ejército estadounidense que lucharon en muchas batallas contra los nativos americanos y protegieron a los colonos durante la expansión hacia el Oeste. Las guerras contra los indígenas americanos comenzaron mucho antes de la época del viejo Oeste y no terminarían hasta la década de 1920.

353. **El descubrimiento de oro** en estados como California, Montana y Colorado llevó a muchas personas a viajar hacia el Oeste para enriquecerse, desplazando a los nativos americanos en el proceso.

354. Gentes de todo el mundo acudieron a participar en la **fiebre del oro**. Alrededor de sesenta y siete mil **chinos emigraron a California** durante los años de la fiebre del oro.

355. **Las ciudades crecieron rápidamente** a medida que más gente se desplazaba hacia el Oeste en busca de tierras, aventuras y riqueza. Más de trescientas mil personas se trasladaron a California durante la fiebre del oro.

356. **Los sheriffs mantenían la ley y el orden en los pueblos** arrestando a los criminales o forajidos, a veces con ayudantes o incluso *posses* (brigadas) que rastreaban a los hombres buscados.

357. **La justicia por mano propia era común en el salvaje Oeste.** Las fuerzas del orden no podían seguir el ritmo de los criminales, por lo que las *posses* perseguían a los hombres buscados, a veces sin la autoridad legal de un juez o un jurado de pares.

358. **Jesse James fue un famoso forajido del viejo Oeste.** Lideró a los hombres en el primer robo de un banco durante el día en una época de paz.

359. Otros forajidos famosos son **Billy el Niño, Butch Cassidy y Sundance Kid**.

360. **El salvaje Oeste** estaba lleno de **aventuras, peligros y emociones**. Ha sido inmortalizado por libros, películas y programas de televisión para las generaciones venideras.

La Revolución Industrial

En este capítulo exploraremos **la historia y el impacto de la Revolución Industrial**. Examinaremos treinta hechos sobre cómo este período cambió la vida en Norte América y en todo el mundo, desde los nuevos inventos que agilizaron la producción hasta los avances en la comunicación y el transporte. **También discutiremos cómo desencadenó un boom demográfico en ciudades** de todo EE. UU. al tiempo que creaba nuevos puestos de trabajo y oportunidades para la gente.

361. **La Revolución Industrial** comenzó en Estados Unidos hacia 1790 y finalizó hacia 1870.

362. **Durante este periodo se produjeron muchos cambios** para facilitar y acelerar la producción. **Se inventaron nuevas máquinas** que permitieron producir más artículos en menos tiempo que antes.

363. **Muchos de los nuevos inventos de la Revolución Industrial facilitaron la vida de los estadounidenses.** Las máquinas de coser permitían confeccionar ropa con mayor rapidez y las desmotadoras de algodón podían separar las fibras rápidamente para convertirlas en tejidos como prendas de vestir o mantas.

364. Un invento crucial fue **la máquina de vapor, que permitía que las máquinas funcionaran con vapor.** La máquina de vapor ayudó a impulsar fábricas en ciudades de todo EE. UU. a velocidades sin precedentes.

365. Con la ayuda de estas **nuevas tecnologías**, las industrias empezaron a florecer. Los negocios florecieron como nunca antes.

366. **La Revolución Industrial** vio el surgimiento de fábricas y centros de producción a gran escala, lo que permitió la producción en masa de artículos. Esto fue especialmente importante en el desarrollo de los textiles. Las máquinas podían producir más tela y más rápido que nunca.

367. **La minería de carbón y hierro también experimentó un auge durante este periodo.** El carbón alimentaba las máquinas de vapor y el mineral de hierro era necesario para fabricar acero.

368. **Surgieron nuevas industrias, como la del acero** (que proporcionaba los materiales necesarios para los edificios) y la producción de petróleo (que impulsaba nuevas máquinas y vehículos).

369. **Una parte importante de la Revolución Industrial fue el transporte.** Se construyeron nuevas carreteras para que las mercancías pudieran transportarse rápidamente de un lugar a otro. Los barcos de vapor revolucionaron el transporte marítimo. Eran mucho más rápidos que los barcos propulsados únicamente por velas.

370. Las **nuevas vías de ferrocarril** hicieron posible que las personas recorrieran distancias más largas a mayor velocidad.

371. **La construcción del Canal de Erie** finalizó en 1852. El canal conectaba el océano Atlántico con los Grandes Lagos, lo que redujo los costos del transporte de mercancías al interior de Estados Unidos.

372. **El telégrafo también se generalizó** durante esta época. Los telégrafos permitieron a la gente comunicarse a grandes distancias sin tener que esperar días o semanas para recibir cartas como antes.

373. **Los periódicos y las revistas también se produjeron** y distribuyeron **en masa** durante la Revolución Industrial. La gente podía informarse más fácilmente de los acontecimientos mundiales.

374. Los **avances de la medicina** contribuyeron a reducir las muertes por enfermedades. Por ejemplo, en 1800, el doctor Benjamin Waterhouse administró a sus hijos la primera vacuna contra la viruela en Estados Unidos. La vacuna había sido desarrollada cuatro años antes por un médico inglés llamado Edward Jenner.

375. **Los servicios financieros crecieron rápidamente** durante esta época debido a la mayor demanda de empresas que buscaban inversiones o préstamos. En 1790, la Bolsa de Filadelfia se convirtió en la primera bolsa de valores de EE. UU.

376. **La Revolución Industrial cambió la forma de trabajar de los estadounidenses.** Facilitó la vida cotidiana de algunos al tiempo que creaba nuevos empleos y oportunidades.

377. Sin embargo, **las condiciones de trabajo no eran buenas** para los trabajadores de las fábricas o de las minas de carbón. Se trabajaba en espacios reducidos y con maquinaria pesada.

378. Aunque los ricos disfrutaban del aumento de bienes, **los más pobres trabajaban de doce a dieciséis horas diarias,** seis días a la semana, sólo para sobrevivir.

379. **Los niños también trabajaban en fábricas** y minas de carbón. Sus pequeños dedos eran perfectos para trabajar en maquinaria delicada pero peligrosa.

380. La minería del carbón era un trabajo muy peligroso. **Las minas podían derrumbarse inesperadamente** y el polvo del carbón causaba graves problemas respiratorios.

381. **Los *newsies* eran chicos jóvenes que vendían periódicos** en las esquinas de las calles más concurridas. Normalmente eran huérfanos y les pagaban peniques por vender periódicos.

382. Con el tiempo se promulgaron **leyes sobre el trabajo infantil**. Por ejemplo, la Ley de Regulación de las Fábricas de Algodón de 1819 fijaba en nueve años la edad mínima para trabajar. Los niños de la industria textil podían trabajar hasta doce horas diarias.

383. **Los trabajadores adultos lucharon por sus derechos laborales**. Empezaron a formar sindicatos, lo que les permitió luchar por mejores condiciones de trabajo, incluidos salarios más altos o jornadas más cortas.

384. **La Federación Americana del Trabajo** fue creada por Samuel Gompers en 1886. Aunque logró algunos avances, las condiciones laborales de la mayoría de los estadounidenses no mejoraron hasta principios del siglo XX.

385. **El papel de la mujer también empezó a cambiar**. Obtuvieron un mayor acceso a la educación, a trabajos fuera del hogar e incluso al derecho de voto en algunos lugares.

386. **La economía estadounidense creció significativamente** durante la Revolución Industrial, creando nueva riqueza a través del comercio y la industria.

387. También provocó un **auge demográfico en las ciudades** de toda Norte América, con gente que acudía en masa desde las zonas rurales en busca de oportunidades de trabajo.

388. **La inmigración también aumentó** durante este periodo. Muchos europeos se sintieron atraídos por las posibilidades que ofrecía la creciente economía estadounidense.

389. Algunas personas se enfadaron por la afluencia de inmigrantes. **Los inmigrantes estaban dispuestos a aceptar un trabajo peor pagado** y a soportar malas condiciones laborales. Esto provocó mucho resentimiento.

390. Estados Unidos tuvo más de una Revolución Industrial. **La segunda Revolución Industrial despegó poco después de que terminara la primera Revolución Industrial.** La tercera Revolución Industrial tuvo lugar entre mediados y finales del siglo XX. Algunos historiadores creen que ahora mismo estamos en la cuarta Revolución Industrial.

La guerra hispano-estadounidense

En este capítulo exploraremos **la guerra hispano-estadounidense**, un conflicto entre Estados Unidos y España que duró de abril a agosto de 1898.

Veremos treinta datos interesantes sobre **cómo empezó esta guerra** y por qué es un hito importante en la historia de Estados Unidos. Descubra algunos datos fascinantes sobre la unidad de caballería voluntaria de **Theodore Roosevelt** y sobre un periodista llamado **Richard Harding Davis.**

391. **La guerra hispano-estadounidense** fue un conflicto entre Estados Unidos y España que duró de abril a agosto de 1898.

392. Comenzó cuando un **buque de guerra estadounidense**, el USS Maine, estalló en el puerto de La Habana, Cuba, mientras realizaba una misión diplomática.

393. El **periodismo amarillista** (similar a los tabloides actuales) señaló a España. Exámenes recientes han determinado que el Maine explotó porque algo salió mal en el barco.

394. Más de un mes después, **el presidente William McKinley pidió al Congreso que declarara la guerra a España.** Quería apoyar a los rebeldes cubanos que luchaban por independizarse del control español. Además, el país seguía molesto por el hundimiento del Maine, y la mayoría de la gente creía que España estaba detrás.

395. **Estados Unidos quería ayudar a Cuba a conseguir su libertad.** También había muchos ciudadanos estadounidenses viviendo en la isla. Estados Unidos invertía dinero en negocios en Cuba y dependía del comercio con ella.

396. **La guerra hispano-estadounidense fue un hito importante en la historia de EE. UU.,** ya que marcó la primera vez que una gran parte de sus fuerzas militares fue utilizada en el extranjero.

397. **La batalla de la Bahía de Manila** tuvo lugar el 1 de mayo de 1898. Los estadounidenses se dirigieron a Filipinas para asegurarse de que las fuerzas navales españolas que allí se encontraban no se dirigieran a Cuba para ayudar en su esfuerzo bélico. Los españoles fueron aplastados, poniendo fin a su dominio colonial sobre las islas.

398. **La batalla de las Colinas de San Juan** tuvo lugar el 1 de julio de 1898. Los norteamericanos derrotaron a los españoles y prácticamente se aseguraron la victoria en Cuba.

399. El futuro **presidente de Estados Unidos, Theodore Roosevelt**, condujo a su unidad de caballería voluntaria, conocida como los *Rough Riders*, a la batalla de las Colinas de San Juan, cerca de Santiago de Cuba. ¡Esto ayudó a consolidarlo como héroe nacional!

400. Aunque se llamaban los *Rough Riders*, ¡sólo los oficiales montaban a caballo en la batalla!

401. **Los *Buffalo Soldiers***, que eran unidades compuestas por afroestadounidenses, también sirvieron con distinción en el campo de batalla. Aunque se enfrentaron a tensiones raciales en su país, los mandos blancos del ejército estadounidense elogiaron la valentía de los *Buffalo Soldiers*.

402. **La batalla de El Caney** tuvo lugar el mismo día que **la batalla de las Colinas de San Juan.** Los estadounidenses ganaron técnicamente esta batalla, pero El Caney no les resultó útil, sobre todo por las bajas que sufrieron.

403. El 3 de julio de 1898 tuvo lugar la batalla de Santiago de Cuba. **Todos los barcos españoles fueron destruidos,** mientras que la US Navy permaneció intacta. Esta batalla puso fin al escenario cubano de la guerra.

404. **La guerra hispano-estadounidense tuvo un gran impacto en el periodismo.** Richard Harding Davis se convirtió en el primer corresponsal de guerra estadounidense. Fue al frente de la guerra en Cuba para dar a los lectores de su país una mejor comprensión de los acontecimientos que ocurrían tan lejos.

405. **Davis no fue el único periodista que viajó al frente**. Otros también viajaron a Cuba para obtener las últimas primicias.

406. Los propietarios de periódicos como **William Randolph Hearst** y **Joseph Pulitzer** competían por ver quién vendía más periódicos.

407. Alrededor de **tres mil estadounidenses murieron en la guerra**, aunque la mayoría de esas muertes se debieron a la fiebre amarilla. No se sabe con certeza cuántos españoles murieron, pero se estima que entre cincuenta y cinco mil y sesenta mil.

408. **La guerra terminó con la firma del Tratado de París**, en diciembre de 1898.

409. **El tratado dio a Estados Unidos el control sobre Cuba**. España cedió Guam, Puerto Rico y Filipinas a EE. UU.

410. **EE. UU. ocupó Cuba** hasta que se formó la República de Cuba en 1902.

411. **Aunque EE. UU. abandonó Cuba en 1902,** se aseguró de seguir teniendo voz en la política cubana. En 1903 se aprobó la Enmienda Platt, que permitía a EE. UU. interferir en los asuntos internacionales y nacionales cubanos si afectaban a la independencia de la isla.

412. **El Tratado de París de 1898** establecía que EE. UU. pagaría veinte millones de dólares por la adquisición de Filipinas.

413. **La guerra filipino-estadounidense** estallaría en febrero de 1902 porque los filipinos buscaban su independencia, no otra potencia colonial dominante.

414. La guerra duró más de **catorce años** y terminó con una victoria estadounidense.

415. **Filipinas** consiguió su independencia tras la Segunda Guerra Mundial.

416. **Guam y Puerto Rico siguen siendo posesiones estadounidenses en la actualidad.**

417. **La guerra hispano-estadounidense** es vista como el comienzo del Imperio norteamericano, aunque EE. UU. nunca ha anunciado sus designios de crear un imperio.

418. Como resultado de la guerra, **España dejó de tener posesiones en el hemisferio occidental**. El Imperio español estaba oficialmente en declive.

419. Unos diez años después de la guerra, **la Gran Flota Blanca,** una impresionante colección de dieciséis acorazados pintados todos de blanco, dio la vuelta al mundo para demostrar el creciente poder naval estadounidense.

420. En la época de la guerra hispano-estadounidense **se estaban desarrollando nuevas tecnologías,** como ametralladoras, buques de guerra mejorados y maniobras militares a mayor escala. Esto permitió derrotar a los enemigos mucho más rápidamente, dando forma a una nueva era de la guerra, las guerras mundiales.

La Primera Guerra Mundial

Este capítulo explorará **la historia de la Primera Guerra Mundial**. Veremos treinta datos interesantes sobre cómo Estados Unidos se involucró en el conflicto y qué aportó al esfuerzo bélico europeo.

También conoceremos los avances tecnológicos y el desarrollo de nuevas tácticas como la guerra de trincheras y los ataques submarinos.

421. **La Primera Guerra Mundial comenzó en Europa el 28 de julio de 1914** y terminó con un armisticio firmado el 11 de noviembre de 1918.

422. La guerra comenzó por varios motivos, pero el principal desencadenante fue el asesinato de **Francisco Fernando el 28 de junio de 1914** por un radical serbobosnio.

423. **Estados Unidos se unió a la guerra** después de que Alemania atacara varios barcos estadounidenses que transportaban mercancías a Inglaterra en 1917.

424. **La Nota Zimmermann** fue otra de las razones por las que Estados Unidos decidió declarar la guerra.

425. Se trataba de una **nota secreta de la inteligencia alemana** enviada a México a principios de 1917. La nota decía que si EE. UU. entraba en guerra, **Alemania entraría en una alianza con México** y le ayudaría a recuperar territorios que había perdido frente a EE. UU. El telegrama fue interceptado y provocó indignación en EE. UU.

426. **El presidente Woodrow Wilson declaró la guerra a Alemania el 6 de abril de 1917**, por sus ataques a barcos estadounidenses en el mar y violaciones de los derechos de neutralidad de EE. UU.

427. En mayo de 1917, **Wilson firmó un proyecto de ley que introducía el reclutamiento militar**, también conocido como «el draft».

428. Más de **cuatro millones de estadounidenses sirvieron en el ejército** durante la Primera Guerra Mundial.

429. **Los primeros soldados estadounidenses** que lucharon en suelo europeo durante la Primera Guerra Mundial llegaron a Francia el 26 de junio de 1917.

430. Los **soldados afroestadounidenses** constituyeron el 13 por ciento de las fuerzas estadounidenses durante la Primera Guerra Mundial. Lucharon por su país, pero en casa tenían derechos limitados.

431. **Las mujeres sirvieron como enfermeras** en las fuerzas armadas durante la Primera Guerra Mundial, pero no como oficiales o personal alistado hasta la Segunda Guerra Mundial.

432. **Los Aliados en Europa estaban agotados por los combates.** Los conflictos eran duros y sangrientos. La llegada de los soldados estadounidenses elevó enormemente la moral.

433. Quizás **el aspecto más conocido de la Primera Guerra Mundial fue la guerra de trincheras.** En lugar de luchar a campo abierto, los soldados europeos cavaron trincheras y lucharon desde allí.

434. **Las trincheras ofrecían cierta seguridad,** pero las enfermedades proliferaban. El principal asesino de los hombres en las trincheras era el fuego de artillería del enemigo. Los restos de las explosiones podían alcanzar a los hombres que estaban cerca, causándoles heridas mortales.

435. **En la Primera Guerra Mundial se utilizó la guerra química**, siendo el gas mostaza el más popular. Estados Unidos no produjo armas químicas durante la guerra.

436. **Durante la Primera Guerra Mundial, la aviación desempeñó un papel importante** en las operaciones militares. Al final de la guerra, casi treinta y tres mil hombres se habían alistado para volar en misiones de aviación.

437. **Las Fuerzas Aéreas estadounidenses no existían durante la Primera Guerra Mundial**. Se crearon después de la Segunda Guerra Mundial.

438. **Los submarinos se utilizaron de forma mucho más significativa** que en el pasado. Durante la Primera Guerra Mundial se produjeron muchas «primicias» para los submarinos, como el primer submarino que hundió un barco con un torpedo autopropulsado y el primer submarino verdadero (submarinos que se sumergían completamente en el agua).

439. **El gobierno estadounidense emitió bonos de guerra** para ayudar a financiar su participación en la Primera Guerra Mundial. El dinero de estos bonos se destinó, entre otras cosas, a la compra de armas y otros suministros necesarios para las tropas en el extranjero.

440. **La Administración de Alimentos de Estados Unidos**, dirigida por Herbert Hoover, se aseguró de que hubiera suficientes alimentos disponibles en el país y en el extranjero durante todo el esfuerzo bélico.

441. **La participación de Estados Unidos provocó un rápido crecimiento de la industria.** La producción de guerra aumentó las oportunidades de empleo, especialmente para las mujeres en el país.

442. **La Primera Guerra Mundial tuvo un impacto significativo en la producción industrial de Estados Unidos**. Los fabricantes y productores dejaron de producir bienes de consumo y se centraron más en la producción bélica, como municiones, armas y otros equipos militares.

443. Esto dio lugar a una **mayor demanda de materias primas**, lo que condujo a la rápida expansión del sector industrial de la nación y a un aumento del empleo industrial.

444. **Estados Unidos** participó en varias batallas, como Château-Thierry, Belleau Wood, Saint-Mihiel y la ofensiva del bosque de Mosa-Argonne.

445. **En noviembre de 1918, el presidente Wilson expuso sus Catorce Puntos**, que proponían un nuevo sistema internacional de paz y seguridad para todas las naciones después de la Primera Guerra Mundial.

446. **El 11 de noviembre de 1918, Alemania firmó un armisticio con las fuerzas aliadas, poniendo fin a la Primera Guerra Mundial en Europa.**

447. **El Tratado de Versalles** fue firmado el 28 de junio de 1919 por representantes de 32 países. Este tratado marcó el fin oficial de la Primera Guerra Mundial.

448. **Se estima que veinte millones de soldados murieron en la Primera Guerra Mundial,** convirtiéndola en una de las guerras más mortíferas de la historia. Estados Unidos sólo participó en la guerra durante poco más de un año. Los demás países lucharon durante más de cuatro años.

449. **Más de 116.000 estadounidenses murieron durante la Primera Guerra Mundial.**

450. **Después de la guerra, estalló la gripe española.** Alrededor de 675.000 personas murieron de gripe. Contrariamente a su nombre, la gripe española no se originó en España. Los investigadores creen que empezó en el estado de Kansas.

El movimiento sufragista femenino

En este capítulo exploraremos **la historia del movimiento por el sufragio femenino** y cómo influyó en la vida de Estados Unidos.

Analizaremos **treinta hechos** de este importante movimiento, incluyendo sus orígenes, líderes, acontecimientos clave y victorias.

451. **La lucha por el derecho al voto de la mujer** en Estados Unidos comenzó en 1848 en una convención celebrada en Seneca Falls, Nueva York.

452. **La Convención de Seneca Falls** fue la primera reunión organizada de personas dedicadas a luchar por los derechos de la mujer y a menudo se considera el inicio del movimiento por el sufragio femenino.

453. Más de trescientos hombres y mujeres se reunieron para escuchar hablar sobre **el movimiento sufragista**. Cien de ellos firmaron la Declaración de Sentimientos, que declaraba que **«todos los hombres y mujeres fueron creados iguales»**.

454. Hubo **luchadoras** anteriores **por los derechos de la mujer**, como **Mary Wollstonecraft,** que escribió libros sobre cómo las mujeres no eran inferiores a los hombres en el siglo XVIII. Ella creía que si las mujeres pudieran tener una educación adecuada, podrían lograr grandes cosas.

455. **Elizabeth Cady Stanton** y **Lucretia Mott** fueron dos líderes cruciales durante la Convención de Seneca Falls. Se pronunciaron contra la desigualdad de género y trabajaron para establecer el derecho al voto para todos los ciudadanos.

456. **La Asociación Americana por la Igualdad de Derechos** se fundó en 1866. Luchó por el derecho al voto, sin importar el género o la raza.

457. **Muchas sufragistas** eran abolicionistas y lucharon por el fin de la esclavitud.

458. Cuando **se propuso la Decimoquinta Enmienda,** algunos sufragistas se disgustaron porque no mencionaba a las mujeres.

459. **Susan B. Anthony** y **Elizabeth Cady Stanton** protestaron contra la enmienda y formaron una organización llamada Asociación Nacional del Sufragio Femenino en 1869. Esta medida causó una división en el movimiento por los derechos de la mujer.

460. **La Asociación Estadounidense por el Sufragio Femenino (AWSA)** fue fundada en 1869 por Lucy Stone y se centró en conseguir el derecho al voto a nivel estatal. Promovió el sufragio femenino y negro.

461. En 1890, el movimiento sufragista había resuelto sus diferencias y se unió para formar **la Asociación Nacional Estadounidense del Sufragio Femenino.**

462. **El movimiento por el sufragio femenino** reunió a personas de todas las clases sociales. Las mujeres blancas adineradas fueron las que más tiempo pudieron dedicar, pero las mujeres pobres también se unieron a la causa.

463. **Las sufragistas afroestadounidenses como Ida B. Wells y Sojourner Truth** lucharon por sus derechos y los de otros grupos oprimidos.

464. **Muchos hombres se opusieron ferozmente al movimiento**. Las mujeres también se unieron a los movimientos antisufragistas. Antes de 1916, más mujeres se unieron a los movimientos antisufragistas que a las organizaciones sufragistas.

465. **Muchas mujeres valientes se arriesgaron a ser detenidas** cuando participaron en protestas para exigir la igualdad de derechos. Por ejemplo, **Susan B. Anthony** fue detenida en 1872 por votar en unas elecciones.

466. **Las sufragistas crearon folletos y periódicos** para difundir su mensaje y organizaron marchas en ciudades de todo Estados Unidos.

467. **Además del derecho al voto,** las sufragistas lucharon por otros derechos de las mujeres, como el acceso a la educación superior, mejores condiciones de trabajo y leyes laborales que las protegieran de la discriminación por razón de sexo. Algunos grupos también abogaron por la discriminación por motivos de raza.

468. En 1913, **Alice Paul y Lucy Burns encabezaron el primer desfile por los derechos de la mujer en D.C.** Miles de personas marcharon por la capital exigiendo el derecho al voto para las mujeres.

469. **Durante la Primera Guerra Mundial,** muchas sufragistas hicieron campaña por el derecho al voto. Woodrow Wilson anunció públicamente su apoyo al sufragio femenino en 1918, convirtiéndose en el primer presidente en hacerlo.

470. **Las mujeres desempeñaron un papel esencial en la Primera Guerra Mundial.** Muchos historiadores creen que su ayuda en el esfuerzo bélico llevó a la gran mayoría de las mujeres a darse cuenta de que merecían el derecho al voto.

471. **Jeannette Rankin, de Montana**, fue la primera mujer elegida para el Congreso en 1916, cuatro años antes de que la Decimonovena Enmienda entrara en vigor en 1920.

472. **La Decimonovena Enmienda** fue aprobada en 1919 y ratificada en 1920. Decía: «El derecho al voto de los ciudadanos de los Estados Unidos no será denegado ni coartado por los Estados Unidos ni por ningún Estado en razón del sexo».

473. La Decimonovena Enmienda se conoce a veces como **la Enmienda Susan B. Anthony** debido a su incansable trabajo y dedicación en pro de los derechos de la mujer.

474. **Varios estados ya permitían el voto femenino antes de 1920**, como Arkansas, Nueva York, Michigan y Oklahoma, por nombrar algunos.

475. **La Liga de Mujeres Votantes se formó en 1920.** Sucedió a la Asociación Nacional Americana del Sufragio Femenino. En lugar de luchar por el derecho al voto, la Liga de Mujeres Votantes intentaba educar a la gente sobre las próximas elecciones. Registraba a los votantes y promovía el derecho al voto, así como otras cuestiones.

476. **La Enmienda de Igualdad de Derechos (ERA)** se propuso en 1923, pero no fue aprobada por el Congreso hasta 1972. La ERA prohibía la discriminación por razón de sexo e invalidaba leyes obsoletas relativas a la mujer.

477. **La ERA** no recibió suficientes votos para su ratificación, incluso después de que se ampliara el plazo hasta 1982. En 2020, Virginia ratificó la ERA. Si el Congreso decide aprobar la enmienda, se convertirá en la Vigésimo Octava Enmienda de la Constitución.

478. En 2020, **Kamala Harris** se convirtió en la primera mujer vicepresidenta de Estados Unidos. Este momento histórico no habría sido posible sin el movimiento sufragista, que permitió a las mujeres la plena ciudadanía y el derecho al voto.

479. A día de hoy, **las mujeres de países de todo el mundo pueden votar, excepto en la Ciudad del Vaticano**, que solo permite que el Colegio Cardenalicio vote al líder (el papa).

480. Aunque **las mujeres** pueden votar en todo el mundo, **todavía sufren discriminación** y restricciones para votar en muchos países.

Los locos años veinte

Este capítulo explora **los locos años veinte**, una década de **crecimiento económico** y entusiasmo **en Estados Unidos**.

Descubra treinta datos interesantes sobre la música popular, los nuevos inventos y la Ley Seca. Conozca a otras figuras emblemáticas que dejaron su huella durante este periodo, como **Babe Ruth** y **Al Capone**.

481. **Los locos años veinte duraron de 1920 a 1929.** Fue un periodo de crecimiento económico y prosperidad.

482. **Los automóviles se hicieron más asequibles** para los estadounidenses de clase media. A principios de 1920, había ocho millones de conductores. Ese número casi se triplicó al final de la década.

483. **Muchas marcas famosas** que hoy conocemos y amamos aparecieron por primera vez en la década de 1920, como Wonder Bread, Kool-Aid, Rubbermaid y Reese's peanut butter cups.

484. **La televisión se inventó** en los años 20, pero no se popularizó hasta después de la Segunda Guerra Mundial.

485. **El primer programa comercial de noticias por radio** en EE. UU. se emitió en 1920. La popularidad de la radio creció durante los locos años veinte. La gente podía sentarse en casa y escuchar música, programas de variedades y las noticias.

486. **Los científicos descubrieron la insulina** en 1921. Se utilizó por primera vez en Estados Unidos en 1922. Antes de este descubrimiento, las personas con diabetes grave solían vivir como mucho unos meses.

487. **La primera llamada telefónica transatlántica** se realizó entre el presidente de AT&T, Walter Gifford, y el jefe de la oficina de correos británica, Evelyn Murray, en 1927.

488. **El primer libro de crucigramas** fue publicado en 1924 por Simon & Schuster, aumentando la popularidad de esta actividad.

489. **El Juicio Scopes tuvo lugar en 1925** cuando John T. Scopes fue acusado de violar la ley del estado de Tennessee. Scopes enseñaba la evolución en su clase. Finalmente fue declarado culpable, aunque el veredicto fue anulado.

490. **Las mujeres obtuvieron el derecho al voto** con la ratificación de la Decimonovena Enmienda en 1920.

491. **Las mujeres empezaron a trabajar fuera de casa** en mayor número que nunca. Asistieron a la universidad y disfrutaron de más libertad.

492. **Las *Flappers* eran jóvenes con estilo** que llevaban el pelo corto. Les gustaba bailar, beber alcohol, fumar cigarrillos y llevar maquillaje y faldas cortas. Iban en contra de la idea de cómo debía vestir y actuar una mujer.

493. **La moda femenina cambió significativamente** durante esta época. Los dobladillos se elevaron por encima de la rodilla y aparecieron nuevos tejidos.

494. **El estilo Art Déco de arquitectura** y diseño definió el aspecto de esta época con sus atrevidas formas geométricas y colores brillantes.

495. **La gente disfrutaba de nuevos bailes** como el Charleston y el Lindy Hop en fiestas y clubes nocturnos de todo el país.

496. Las modas como sentarse en **el asta de la bandera** y las **maratones de baile** se hicieron populares entre los jóvenes adultos que buscaban emociones.

497. El **Renacimiento de Harlem** fue un periodo de gran expresión cultural y artística para los afroestadounidenses.

498. Algunos autores **afroestadounidenses** conocidos son Zora Neale Hurston, Langston Hughes y Claude McKay.

499. La **música jazz** se popularizó en Estados Unidos, con músicos como Louis Armstrong y Duke Ellington a la cabeza.

500. El **Ku Klux Klan**, un violento grupo de odio, creció en tamaño a lo largo de esta década debido al sentimiento de antiinmigración. En los años veinte, el KKK creía que los blancos protestantes nativos debían ser los únicos que vivieran en Estados Unidos. Aunque el KKK se fundó inicialmente en el Sur, se hizo muy popular en el Oeste durante esta época.

501. **Las condiciones de trabajo empezaron a mejorar** durante la década de 1920. En 1926, Ford introdujo la semana laboral de cinco días.

502. En 1927, **Charles Lindbergh** se convirtió en el primer hombre en cruzar el Océano Atlántico en solitario y sin escalas. Pilotó su avión llamado Spirit of St. Louis.

503. Charles Lindbergh también es **conocido por el secuestro de su hijo** en 1932, que desencadenó una búsqueda nacional. El bebé fue asesinado. Abundan las teorías sobre quién lo mató realmente.

504. **Babe Ruth** batió récords de béisbol, como el de los sesenta jonrones en una temporada. Se convirtió en uno de los deportistas más queridos de Estados Unidos.

505. **En 1926, la estadounidense Gertrude Ederle** cruzó a nado el Canal de la Mancha, convirtiéndose en la primera mujer en hacerlo. Fue campeona olímpica y ostentó múltiples récords mundiales. Fue una de las muchas heroínas deportivas de los años veinte.

506. **La Ley Seca comenzó cuando el Congreso ratificó la Decimoctava Enmienda** en 1919, prohibiendo la producción y distribución de alcohol dentro de las fronteras de Estados Unidos.

507. **Los bares clandestinos vendían licor ilegalmente**. Se hicieron populares durante los locos años 20. A finales de los años 20, ¡sólo en Nueva York había unos treinta y dos mil bares clandestinos!

508. **Al Capone se convirtió en uno de los gánsteres más famosos de Estados Unidos** durante esta época. Formaba parte del negocio del contrabando, lo que significa que distribuía alcohol ilegalmente a los bares clandestinos. Capone dirigió un sindicato del crimen organizado desde Chicago.

509. El 24 de octubre de 1929, **el mercado de valores estadounidense se desplomó.** Este día, conocido como el Jueves Negro, marcó el mayor número de acciones vendidas en la historia de Estados Unidos. El Martes Negro (29 de octubre de 1929), el mercado de valores se desplomó de nuevo, y los inversores vendieron millones de acciones en un solo día.

510. **El crack bursátil marca el final de los locos años veinte** y el comienzo de **la Gran Depresión.**

La Gran Depresión

Este capítulo explorará **la historia de la Gran Depresión en Estados Unidos**. Veremos treinta datos interesantes sobre cómo comenzó este periodo de dificultades económicas, lo que significó para las personas que lo vivieron y cómo diversas iniciativas gubernamentales intentaron aliviar el sufrimiento durante esta difícil época.

Conozca las **nuevas formas de entretenimiento** que se desarrollaron durante esta época y otras cuestiones, como los **patrones de migración** y **los derechos laborales**.

511. **La Gran Depresión** fue una época de **dificultades económicas** en Estados Unidos que duró de 1929 a 1939.

512. Comenzó tras el **desplome del mercado de valores** el 29 de octubre de 1929, que se llamó como el martes negro.

513. Durante esta época, **millones de personas perdieron sus empleos y sus hogares** debido a la quiebra de empresas y al cierre de bancos.

514. Se cree que entre un tercio y la mitad de los bancos cerraron durante la Gran Depresión.

515. Casi el **25 por ciento de los trabajadores estadounidenses estaban desempleados** en 1933.

516. Muchos **vagabundos** viajaban en trenes de mercancías de una ciudad a otra **en busca de trabajo**.

517. El *Dust Bowl* intensificó aún más los efectos de la Depresión sobre los agricultores del **Medio Oeste y las Grandes Llanuras** de Estados Unidos. La sequía y las fuertes tormentas de polvo dañaron las cosechas y la salud de la gente.

518. Muchas personas huyeron de las **regiones afectadas por el *Dust Bowl***. Se estima que 2,5 millones de personas abandonaron las Grandes Llanuras en 1940.

519. Para contrarrestar los efectos de la prolongada sequía causada por el *Dust Bowl*, en 1935 se creó **el Servicio de Conservación del Suelo**.

520. **Herbert Hoover** fue presidente de 1929 a 1933. Al principio creía que la recuperación económica debía dejarse en manos del sector privado, pero finalmente puso en marcha programas y políticas. Aunque algunas de sus políticas eran acertadas, tardaron demasiado en ser útiles.

521. Uno de los símbolos más emblemáticos de la Gran Depresión es los **Hoovervilles**. Los desempleados construyeron barrios de chabolas que bautizaron con el nombre del presidente.

522. **La delincuencia aumentó** después de la Gran Depresión, pero disminuyó una vez que se pusieron en marcha programas exitosos.

523. En 1933 **se ratificó la Vigesimoprimera Enmienda**. Derogaba la Decimoctava Enmienda, que hacía de la Prohibición una ley del país.

524. El crimen organizado siguió siendo un problema incluso después de la aprobación de la Vigésimo Primera Enmienda. En lugar del contrabando, **los sindicatos del crimen se dedicaron al juego y al crimen organizado.**

525. El **presidente Franklin D. Roosevelt** fue elegido en 1932 con una plataforma de alivio y reforma.

526. **Con el *New Deal* y el *Second New Deal*,** FDR creó oportunidades de empleo para millones de estadounidenses. Estos trabajadores construyeron proyectos de infraestructura, como carreteras y presas.

527. **La Autoridad del Valle del Tennessee** se creó en 1933. Proporcionó producción de energía hidroeléctrica y control de inundaciones a siete estados.

528. En 1935 se aprobó la **Ley de Seguridad Social**, que proporcionaba seguridad financiera a las personas mayores.

529. **La Administración para el Progreso de las Obras** (WPA) devolvió el trabajo a los desempleados ofreciéndoles empleos en la construcción.

530. **La WPA también empleó** a personas relacionadas con **el arte y el teatro,** asegurando que la cultura estadounidense pudiera seguir creciendo durante esta época difícil.

531. **Los artistas crearon obras que reflejaban las penurias estadounidenses**. Algunos de los artistas más famosos de este periodo son los fotógrafos **Dorothea Lange** y **Walker Evans** y el pintor **Jackson Pollack**.

532. Algunas personas se inspiraron en libros de autoayuda como *Piense y hágase rico*, que hacían hincapié en la responsabilidad personal por encima de la intervención del gobierno en tiempos difíciles.

533. A pesar de las dificultades económicas, **el béisbol era un pasatiempo popular**. Los New York Yankees ganaron un campeonato de las Series Mundiales en 1932.

534. **Las mujeres tuvieron una presencia más significativa en la mano de obra durante esta época** debido a la necesidad. Algunas mujeres trabajaban en fábricas. Muchas trabajaban en el ámbito doméstico o en empleos gubernamentales o administrativos.

535. **Las mujeres también suelen asumir el papel de cuidadoras de ancianos y niños** mientras sus maridos trabajan. Las mujeres asumían la responsabilidad de gestionar el presupuesto doméstico y encontrar la manera de llegar a fin de mes.

536. **Durante la Gran Depresión se produjo un descenso de la natalidad** debido a las dificultades económicas y a la falta de recursos disponibles.

537. **En 1935, el presidente Roosevelt promulgó la Ley Nacional de Relaciones Laborales,** que otorgaba a los trabajadores más derechos, incluida la libertad de negociación colectiva con los empresarios.

538. **En 1938 se aprobó la Ley de Normas Laborales Justas**. Establecía un salario mínimo nacional e imponía restricciones al trabajo infantil. **Muchos niños trabajaban** en fábricas peligrosas.

539. A pesar de los intentos de recuperación de varias iniciativas gubernamentales durante la década de 1930, **la economía estadounidense no se recuperó totalmente hasta la Segunda Guerra Mundial.**

540. **La Segunda Guerra Mundial tuvo un impacto significativo sobre la Gran Depresión en EE. UU**. Proporcionó un resurgimiento de la actividad económica, de las oportunidades de empleo y de los salarios. Además, la guerra proporcionó una gran afluencia de capital, que permitió al gobierno financiar obras públicas y programas de bienestar social que ayudaron a crear la próspera economía actual.

La Segunda Guerra Mundial

Este capítulo explorará **la historia de la Segunda Guerra Mundial,** una de las guerras más devastadoras de la historia de la humanidad. Repasaremos treinta **hechos interesantes sobre por qué comenzó** y cuáles fueron sus repercusiones duraderas.

Conozca las batallas que cambiaron el curso de la historia, la tecnología desarrollada durante esta época y el costo humano de la guerra.

541. **La Segunda Guerra Mundial** se libró **entre 1939 y 1945** y en ella participaron más de cincuenta países, entre ellos **los Estados Unidos de América, Gran Bretaña, Japón y Alemania.**

542. **El presidente Franklin Delano Roosevelt (FDR)** quería unirse a la guerra, pero sabía que el público no apoyaría la idea. Muchos creían que no debían unirse a una guerra que no involucraba a los Estados Unidos.

543. **En 1941, FDR firmó la Ley de Préstamo y Arriendo.** Esta ley permitía a Estados Unidos suministrar materiales a los Aliados que luchaban contra el Eje (Alemania, Italia y Japón).

544. **La ayuda se entregó a los Aliados de forma gratuita.** Estados Unidos gastó algo más de 50.000 millones de dólares (unos 720.000 millones de dólares actuales) para ayudar a los Aliados a ganar la guerra.

545. **Estados Unidos suministró más tanques y aviones** a los Aliados que ningún otro país en la Segunda Guerra Mundial.

546. **El ataque de Japón a Pearl Harbor, Hawái,** el 7 de diciembre de 1941, llevó a Estados Unidos a unirse a la Segunda Guerra Mundial contra las potencias del Eje.

547. **Después de que los japoneses atacaran** Pearl Harbor, **FDR emitió la Orden Ejecutiva nº 9066,** que permitía a los militares internar en campos de internamiento a las personas de ascendencia japonesa que vivían en la Costa Oeste.

548. **Más de dieciséis millones de estadounidenses sirvieron en las Fuerzas Armadas** durante la Segunda Guerra Mundial. Más de 400.000 de ellos murieron en combate o por otras causas, como enfermedades o lesiones.

549. **En 1940, el Congreso aprobó la Ley de Formación y Servicio Selectivos.** Fue el primer servicio militar obligatorio en tiempos de paz en Estados Unidos. Cuando estalló la Segunda Guerra Mundial, se modificaron los términos del reclutamiento. Más de diez millones de hombres habían sido reclutados para el servicio militar en 1945.

550. Más de un millón de afroestadounidenses sirvieron durante la Segunda Guerra Mundial. La guerra también vio a los primeros oficiales afroestadounidenses.

551. A partir de 1942, **las mujeres empezaron a contribuir con toda su fuerza al esfuerzo bélico**. Se unieron al Cuerpo de Enfermeras del Ejército, al Cuerpo Auxiliar de Mujeres (WAC), a las reservas de los Marines y a la unidad WAVES de la Marina durante la Segunda Guerra Mundial.

552. **Durante la Segunda Guerra Mundial, las mujeres empezaron a asumir funciones tradicionalmente masculinas.** Las mujeres trabajaron en fábricas, astilleros y minas. Durante la guerra, las mujeres aseguraron que la economía estadounidense siguiera floreciendo y crearon equipamiento militar para el esfuerzo bélico.

553. Durante la guerra, el público estadounidense sintió un gran patriotismo y el deseo de ayudar en el esfuerzo bélico. **Se racionaron los alimentos y la gasolina**. La gente plantó «jardines de la victoria» para cultivar sus propios alimentos. Las películas de propaganda aumentaron la necesidad de la gente de apoyar a su país durante la guerra.

554. En diciembre de 1943, las tres principales potencias aliadas (Estados Unidos, Reino Unido y China) **celebraron en Egipto la Conferencia de El Cairo**. Las tres potencias acordaron que la Alemania nazi debía ser destruida para que la guerra terminara. Los Aliados también necesitaban la rendición incondicional de Japón.

555. El 6 de junio de 1944 (Día D), 133.000 soldados aliados **desembarcaron en las playas de Normandía, Francia**, iniciando la liberación de Europa de la Alemania nazi.

556. **El general Dwight Eisenhower** era el comandante supremo de las fuerzas aliadas en Europa. Estuvo a cargo de la exitosa **operación del Día D**, que cambió las tornas en contra de los alemanes. Más tarde llegaría a ser presidente de los Estados Unidos.

557. **La Ley G.I.** se aprobó en 1944. Proporcionaba a los veteranos que regresaban, fondos para cursar estudios universitarios o emprender negocios una vez finalizada la guerra.

558. **El Holocausto tuvo lugar durante la Segunda Guerra Mundial.** Seis millones de judíos europeos fueron asesinados bajo el régimen nazi. Otros cinco millones de otras minorías y prisioneros de guerra soviéticos fueron asesinados por los alemanes durante la guerra.

559. **Los soldados estadounidenses liberaron varios campos de concentración,** donde los judíos y otras minorías eran enviados a trabajar y morir. Uno de los campos de concentración más infames que liberaron fue Dachau. La liberación de estos campos hizo que los soldados se dieran cuenta del verdadero horror de la guerra.

560. **El 12 de abril de 1945, FDR** falleció de una hemorragia cerebral en Warm Springs, Georgia, dejando que el **vicepresidente Harry S. Truman** asumiera el cargo de trigésimo tercer presidente de los Estados Unidos.

561. **Eisenhower** aceptó la rendición incondicional de Alemania poniendo fin a la Segunda Guerra Mundial en Europa el 7 de mayo de 1945.

562. **Aunque la guerra en Europa había terminado**, la guerra en el Pacífico seguía su curso. **La Armada estadounidense desempeñó un gran papel en** el teatro de **operaciones del Pacífico,** ganando importantes batallas como la **batalla de Midway** y la **batalla del Golfo de Leyte.**

563. Una de las batallas más famosas del Pacífico fue **la batalla de Iwo Jima.** Fue una lucha brutal entre las fuerzas estadounidenses y japonesas en la isla de Iwo Jima, en el Pacífico. La batalla duró del 19 de febrero al 26 de marzo de 1945. Estados Unidos ganó esta batalla.

564. **El Proyecto Manhattan** fue un programa ultrasecreto del gobierno estadounidense para construir la primera bomba atómica. Fue llevado a cabo por decenas de miles de científicos e ingenieros entre 1939 y 1945. Sin embargo, no comenzó oficialmente hasta 1942.

565. El 16 de julio de 1945, EE. UU. realizó la primera **prueba** exitosa de una **bomba atómica** en Nuevo México.

566. Poco más de un mes después, el 6 de agosto de 1945, las fuerzas militares estadounidenses lanzaron una **bomba atómica** sobre **Hiroshima (Japón).**

567. **Como Japón no se rindió,** las fuerzas estadounidenses lanzaron otra **bomba atómica sobre Nagasaki,** tres días después. Es difícil saber cuántos murieron a causa de las secuelas de las bombas. Cientos de miles murieron a causa de los efectos de la radiación y de la explosión.

568. El 14 de agosto de 1945, **Japón anunció su rendición**. El 2 de septiembre de 1945, Japón firmó el Instrumento de Rendición, poniendo fin oficialmente a la guerra.

569. Casi **quinientas Medallas de Honor** fueron concedidas a soldados estadounidenses que lucharon durante la Segunda Guerra Mundial. La Medalla de Honor es la máxima condecoración que puede recibir un soldado.

570. Tras el **fin de la Segunda Guerra Mundial en 1945**, se fundaron las Naciones Unidas para ayudar a mantener la paz entre los países.

La Guerra Fría y la carrera espacial

Este capítulo explorará **la historia de la Guerra Fría y la carrera espacial.** Examinaremos treinta datos interesantes sobre cómo este periodo influyó en las relaciones mundiales, la exploración espacial, los avances científicos, ¡y mucho más! Aprenderá sobre figuras importantes como **Neil Armstrong** y **Yuri Gagarin**, que desempeñaron un papel fundamental en la exploración del espacio exterior. También hablaremos de momentos clave como **la crisis de los misiles de Cuba** y la construcción del **Muro de Berlín**.

571. **Tras el final de la Segunda Guerra Mundial en 1945**, personas de toda Europa vinieron a vivir a grandes ciudades estadounidenses como Nueva York, Chicago y Los Ángeles. Estos inmigrantes trajeron sus culturas, que dieron forma a las generaciones futuras.

572. **La Guerra Fría** fue un periodo de la historia en el que se intensificaron las tensiones entre los **Estados Unidos** democráticos y la **Unión Soviética** comunista.

573. **La Guerra Fría duró de 1945 a 1991**, es decir, unos cuarenta y seis años.

574. Durante este periodo, se inventaron o mejoraron muchas tecnologías nuevas. **Los computadores se hicieron más potentes**, permitiendo a los funcionarios acceder a la información con mayor rapidez. **Las televisiones se hicieron más populares** y permitieron a la gente ver las noticias que ocurrían en lugares lejanos como si estuvieran allí mismo.

575. A lo largo de **la Guerra Fría**, los científicos estadounidenses hicieron muchos avances, como el lanzamiento de **satélites** de comunicaciones **como el Telstar 1 en julio de 1962**.

576. **Durante la Guerra Fría, Estados Unidos y la Unión Soviética compitieron** para demostrar quién era más poderoso desarrollando nuevas tecnologías como misiles y cohetes más rápido que el otro.

577. **Esta competición llevó a la exploración espacial,** con el lanzamiento de cohetes al espacio por parte de ambos países.

578. **En 1957, la Unión Soviética lanzó el Sputnik 1,** el primer satélite artificial puesto en órbita alrededor de la Tierra. Durante su ascenso emitió pitidos que los estadounidenses pudieron oír por radio.

579. **Esto conmocionó a los estadounidenses** porque se habían quedado rezagados respecto a los comunistas. Así que, en 1958, el presidente Dwight D. Eisenhower **creó la NASA** (Por sus siglas en inglés. Administración Nacional de la Aeronáutica y del Espacio).

580. **El 12 de abril de 1961, Rusia envió a Yuri Gagarin al espacio**. Fue el primer ser humano en llegar al espacio, a bordo del Vostok 1.

581. **Unas semanas más tarde, el 5 de mayo de 1961, Estados Unidos envió a Alan Shepard** como primer estadounidense al espacio a bordo del Freedom 7.

582. **Aunque durante la carrera espacial se consiguieron muchos logros,** es importante recordar que lo que esta gente estaba haciendo era muy peligroso. En 1967, los astronautas estadounidenses Gus Grissom, Roger Chaffee y Ed White murieron durante una prueba previa al lanzamiento al desatarse un incendio.

583. En 1969, el estadounidense **Neil Armstrong** se convirtió en la primera persona en pisar la Luna al salir del Apolo 11. Fue un gran hito para la exploración espacial estadounidense y puso fin oficialmente a la carrera espacial.

584. Aunque **la carrera espacial terminó en 1969**, hay otros logros importantes de los que hablar en relación con la exploración espacial estadounidense. En 1975, EE. UU. envió una sonda llamada **Voyager 1** al espacio para estudiar el sistema solar exterior y descubrir los límites exteriores del campo magnético del sol.

585. En 1983, **Sally Ride se convirtió en la primera mujer astronauta estadounidense** en el espacio cuando subió al Challenger. Esta hazaña demuestra lo lejos que habían llegado las mujeres desde que terminó la Segunda Guerra Mundial.

586. Además, en 1984, el **presidente Ronald Reagan** propuso su Iniciativa de Defensa Estratégica (IDE), también conocida como «guerra de las Galaxias», que preveía la construcción de un campo de fuerza impenetrable alrededor de la Tierra utilizando láseres, satélites y otras armas. El plan era demasiado complicado para la tecnología de la época y fue desechado en 1993.

587. **Tras la Segunda Guerra Mundial, Alemania quedó dividida entre el Occidente democrático y la Rusia comunista.** El Muro de Berlín fue construido en 1961 por Alemania Oriental para separar a su pueblo de Alemania Occidental. En 1987, el presidente Reagan pronunció su famoso discurso: «¡Señor Gorbachov, derribe este muro!». El Muro de Berlín sería desmantelado unos dos años después.

588. **La Guerra Fría dio lugar a una carrera armamentística** (una competición entre países para construir armas más grandes y mejores) entre Estados Unidos y la Unión Soviética. Cada uno quería proteger a su pueblo de un ataque del enemigo.

589. Aunque hubo una carrera armamentística, **EE. UU. y la Unión Soviética** no entraron directamente en guerra.

590. En su lugar, lucharon **guerras indirectas (una guerra en la que las grandes potencias utilizan a otro país para que luche por ellos).** Una de ellas fue la guerra de Corea. Se considera la primera guerra por poderes entre potencias democráticas y comunistas. La guerra de Corea se libró entre 1950 y 1953. El resultado fue la división de Corea.

591. **Otra guerra por poderes fue la de Vietnam,** que tuvo lugar entre 1955 y 1975. Los combates fueron brutales y murieron muchas personas. Al final, los vietnamitas consiguieron reunificar el país bajo un régimen comunista.

592. **La crisis de los misiles de Cuba** es uno de los acontecimientos más famosos de la Guerra Fría. Fue un enfrentamiento de trece días en el que Cuba permitió la presencia de misiles de la URSS en su territorio. Estados Unidos amenazó con una acción militar si los misiles permanecían allí. La crisis llevó la Guerra Fría a las puertas de Estados Unidos. Afortunadamente, se evitó la guerra.

593. **Muchos años, durante la Guerra Fría**, el gobierno estadounidense creó escondites en caso de un ataque nuclear, almacenando alimentos y provisiones que podían durar meses.

594. **La Unión Soviética** tenía un plan similar. Su gobierno construyó ciudades secretas, algunas subterráneas, diseñadas para albergar a millones de personas si alguna vez ocurría algo entre EE. UU. y Rusia.

595. **Durante la Guerra Fría, ambos bandos utilizaron la propaganda** (información destinada a influir en la opinión de la gente) para sembrar el miedo y la desconfianza entre los ciudadanos que vivían dentro de sus fronteras.

596. A partir de finales de la década de 1940, el **senador Joseph McCarthy** emprendió una caza de brujas para encontrar comunistas y socialistas en Estados Unidos. Se lanzaron muchas acusaciones falsas y se puso en el punto de mira a personas notables. Algunos personajes famosos que fueron víctimas del macartismo son **Helen Keller, Charlie Chaplin, Leonard Bernstein, Orson Welles y Lucille Ball.**

597. Durante esta época también hubo una intensa **rivalidad en los Juegos Olímpicos** entre los atletas estadounidenses y los rusos. En **1980, los Juegos Olímpicos se celebraron en Moscú.** Estados Unidos y otras sesenta y cuatro naciones se negaron a participar.

598. En 1969 y 1979, **Estados Unidos y Rusia firmaron los tratados denominados SALT I y II** (Conversaciones sobre Limitación de Armas Estratégicas). El tratado limitaba el número de armas nucleares que podía tener cada país.

599. Aunque las relaciones podían ser tensas en un momento y mejores al siguiente, la Guerra Fría se descongeló bajo el liderazgo de **Mijaíl Gorbachov**. La Guerra Fría terminó en 1991 con **el colapso de la Unión Soviética.** Este cambio en el orden internacional permitió una mayor cooperación entre los dos países, que dio lugar a la Estación Espacial Internacional en 1998. **El final de la Guerra Fría** también abrió la puerta al intercambio de recursos y nuevas tecnologías.

600. **Tras el fin de la Guerra Fría en 1991, Estados Unidos se convirtió en la única superpotencia del mundo**. Había logrado grandes éxitos en la exploración espacial y experimentado muchos avances tecnológicos, demostrando ser una nación poderosa en comparación con el resto de países del mundo.

El movimiento por los derechos civiles

Este capítulo explorará **la historia del movimiento por los derechos civiles en Estados Unidos**. Repasaremos treinta hechos interesantes sobre cómo los afroestadounidenses y otros grupos minoritarios lucharon por su derecho a la igualdad de trato ante la ley.

Descubriremos héroes inspiradores como **Rosa Parks** y **Martin Luther King Jr.** También aprenderemos más sobre organizaciones como la NAACP y el SNCC, que ayudaron a promover los derechos civiles mediante protestas pacíficas y acciones legales.

601. **El movimiento por los derechos civiles** fue una lucha por la justicia social que comenzó en la década de 1950 y duró hasta finales de la década de 1960.

602. Su objetivo principal era **acabar con la discriminación racial** de los afroestadounidenses. Otros grupos minoritarios, como los nativos americanos y los hispanos, también lucharon por la igualdad de derechos.

603. La **NAACP** (Asociación Nacional para el Progreso de las Personas de Color) se creó en 1909. Sigue siendo una organización activa hoy en día y aboga por los derechos civiles y la justicia racial a través de acciones legales, educación y programas de divulgación.

604. **Los Cuatro de Greensboro** organizaron sentadas en comedores segregados por toda Carolina del Norte.

605. **Las sentadas** fueron una parte integral del **movimiento por los derechos civiles**, ya que ayudaron a eliminar la segregación en espacios públicos como restaurantes y cines mediante protestas pacíficas. Decenas de miles de personas participaron en sentadas durante esta época.

606. En abril de 1960 se formó el **Comité Coordinador Estudiantil No Violento** (SNCC). Comenzó a organizar sentadas en comedores segregados en todo el Sur en la década de 1960.

607. **Los *Freedom Riders*** fueron grupos de personas que viajaron en autobús por todo el Sur en 1961. Desafiaron las leyes de Jim Crow. Estos viajantes se enfrentaron incluso a amenazas de muerte y violencia mientras protestaban por la igualdad de derechos.

608. **Las leyes Jim Crow** comenzaron a finales del siglo XIX y predominaban en el Sur. Estas leyes discriminaban a los afroestadounidenses. Por ejemplo, los niños afroestadounidenses tenían que asistir a la escuela separados de los niños blancos. Los afroestadounidenses tenían bebederos separados y vivían en barrios diferentes a los de los blancos.

609. En 1896, en el caso **Plessy contra Ferguson,** el Tribunal Supremo de EE. UU. dictaminó que las leyes Jim Crow no iban en contra de la Constitución siempre que las cosas estuvieran «separadas pero iguales».

610. Esta ley fue anulada en su mayor parte por la decisión del caso **Brown contra el Consejo de Educación**. En 1954, el Tribunal Supremo dictaminó que la segregación racial en las escuelas públicas iba en contra de la Constitución.

611. En 1957, nueve estudiantes afroestadounidenses, conocidos como los Nueve de Little Rock, intentaron crear el **Little Rock Central High School de Arkansas**. Recibieron amenazas de muerte y malos tratos físicos. La Guardia Nacional se negó a dejar entrar a los estudiantes hasta que intervino el presidente Eisenhower.

612. **Ruby Bridges, de seis años,** se convirtió en un símbolo de valentía cuando en 1960 se convirtió en alumna afroestadounidense de la escuela primaria William Frantz de Nueva Orleans (Luisiana). A pesar de enfrentarse a un racismo extremo, se mantuvo fuerte durante toda su trayectoria de lucha por la igualdad en el sistema educativo de Estados Unidos.

613. **Las Panteras Negras** fue fundado por Huey Newton y Bobby Seale en Oakland, California, en 1966. Los miembros de este grupo pretendían proteger a los afroestadounidenses de la brutalidad policial mediante la organización de base y tácticas de autodefensa, como patrullas armadas en los barrios.

614. Casi todos los Panteras Negras creían que **el movimiento *Black Power*** podía cambiar la forma en que se trataba a los afroestadounidenses. En lugar de depender del gobierno para realizar cambios, el movimiento *Black Power* creía que los negros debían ser autosuficientes, lo que incluía tomarse la justicia por su mano.

615. **Malcolm X** fue un gran defensor del movimiento *Black Power*. Defendió la justicia social a través de su ideología radical y sus discursos sin paliativos que pretendían empoderar a los afroestadounidenses y a otras personas de color.

616. **Martin Luther King Jr.** fue un activista que buscó una solución más pacífica. Aunque no formaba parte del movimiento *Black Power*, comprendía su dolor y frustración. King pronunció su emblemático discurso *Tengo un sueño* en la Marcha sobre Washington de 1963, en el que pedía la igualdad entre todas las razas y pueblos del mundo.

617. **Rosa Parks es conocida por negarse a ceder su asiento en un autobús a una persona blanca,** lo que desencadenó el boicot a los autobuses de Montgomery, que duró más de un año.

618. En 1962, César Chávez fundó el sindicato **United Farm Workers of America** para luchar contra los salarios y las condiciones laborales injustas de los trabajadores agrícolas, especialmente los de ascendencia hispana que vivían en California. Chávez formaba parte del movimiento chicano, que era similar al movimiento *Black Power* en cuanto a ideas de nacionalismo y empoderamiento de la comunidad.

619. **El atentado contra la iglesia de Birmingham** en 1963 fue un punto de inflexión para el movimiento por los derechos civiles. Cuatro niñas afroestadounidenses murieron, provocando la indignación de todo el país y empujando finalmente al presidente Lyndon B. Johnson a firmar la Ley de Derechos Civiles de 1964.

620. **La Ley de Derechos Civiles de 1964** ilegalizó la segregación en todo el país al prohibir la discriminación por motivos de raza o color en lugares públicos como escuelas, parques y comercios.

621. **En el Verano de la Libertad de 1964,** miles de activistas de todas las clases sociales viajaron a Mississippi para registrar a los votantes afroestadounidenses. En 1962, poco más del 5 % de los negros estaban registrados para votar. El proyecto Verano de la Libertad no logró finalmente su objetivo, pero sí llamó la atención sobre el problema al que se enfrentaban los negros en las urnas.

622. **En febrero de 1965, Malcolm X fue asesinado**. Había renunciado a la Nación del Islam, un grupo estadounidense diferente del islam tradicional, y formado un nuevo grupo para musulmanes. A la Nación del Islam no le hizo ninguna gracia y tres miembros del grupo le dispararon durante una asamblea. La gente todavía se pregunta si el gobierno estuvo implicado de algún modo en su muerte.

623. **La marcha de Selma a Montgomery** de 1965 fue un acontecimiento histórico que demostró el poder de la protesta pacífica. En última instancia, llevó a que el Congreso aprobara la Ley del Derecho al Voto, que prohibía la discriminación a la hora de votar.

624. En agosto de 1965, el Congreso aprobó la Ley del Derecho al Voto. **Los afroestadounidenses pudieron por fin votar** sin tener que enfrentarse a obstáculos injustos como pruebas de alfabetización o impuestos de capitación. La Ley del Derecho al Voto fue un hito legislativo que prohibió la discriminación por motivos de raza o color a la hora de votar.

625. **El 4 de abril de 1968 fue asesinado Martin Luther King Jr**. Su muerte provocó luto e indignación en todo el país. Su mensaje inspiró a muchos a seguir luchando por los derechos civiles hasta que se hiciera justicia.

626. **En 1968, el Congreso aprobó la Ley de Vivienda Justa**, que prohibía la discriminación por motivos de raza o etnia a la hora de alquilar, vender o financiar una vivienda en Estados Unidos.

627. En 1969, los disturbios de Stonewall marcaron el inicio del **movimiento LGBTQ**. Los disturbios se desencadenaron cuando la policía hizo una redada en un popular bar gay de Nueva York. Los activistas LGBTQ se unieron para protestar contra la discriminación y luchar por la igualdad de derechos para todos, independientemente de su orientación sexual.

628. **En 1969, cientos de activistas y simpatizantes nativos americanos ocuparon la isla de Alcatraz** durante diecinueve meses. Querían que se les devolviera la isla, que había pertenecido a los lakota. Alcatraz había albergado una famosa prisión, pero cerró en 1964. La protesta no tuvo éxito, pero sentó un precedente para el activismo de los nativos americanos.

629. **El caso Swann contra el Consejo de Educación de Charlotte-Mecklenburg, del Tribunal Supremo, falló en 1971** contra la segregación racial en los autobuses. El Tribunal Supremo dictaminó que el transporte en autobús de estudiantes de distintas razas a través de los distritos fomentaba la integración.

630. **La elección de Barack Obama** como cuadragésimo cuarto presidente de Estados Unidos demostró lo lejos que había llegado Estados Unidos desde el movimiento por los derechos civiles. Como primer presidente afroestadounidense, la elección de Obama supuso un gran paso adelante en términos de igualdad racial en la nación.

La guerra del Golfo y la guerra contra el terrorismo

Este capítulo explorará **la historia de la guerra del Golfo y la guerra contra el terrorismo,** dos conflictos significativos que siguen teniendo repercusiones en el mundo actual. Analizaremos algunos acontecimientos clave, como la invasión de **Kuwait** por Irak en 1990 y la **Operación Tormenta del Desierto**.

Además, trataremos otros temas relacionados como los **ataques con drones** y las violaciones de los **derechos humanos** causadas durante las intervenciones militares.

631. **La guerra del Golfo** fue un conflicto entre Irak y una coalición internacional liderada por Estados Unidos que duró de 1990 a 1991.

632. Comenzó cuando **Irak invadió Kuwait** el 2 de agosto de 1990 y terminó con la liberación de Kuwait el 28 de febrero de 1991.

633. **Saddam Hussein** ordenó la invasión de Irak a Kuwait. Quería controlar sus yacimientos petrolíferos y sus puertos con fines comerciales, para expandir el poder de Irak.

634. **Irak tenía un ejército poderoso**. Sus soldados tomaron Kuwait en sólo dos días.

635. **La Operación Tormenta del Desierto** fue la intervención militar dirigida por Estados Unidos para liberar Kuwait de la ocupación iraquí durante la guerra del Golfo a principios de 1991.

636. Casi **un millón de soldados** de la coalición lucharon en la guerra del Golfo. La mayoría de ellos procedían de Estados Unidos. Irak envió más de 650.000 soldados.

637. Tras cuarenta y dos días de incesantes campañas de bombardeos, el **presidente George H. W. Bush** ordenó un alto el fuego, ya que para entonces la mayoría de los iraquíes se habían rendido o habían muerto.

638. **El Consejo de Seguridad de la ONU** declaró que Irak debía pagar por los daños causados durante la guerra y renunciar a todas las armas de destrucción masiva (ADM). Irak acabó accediendo. Su poder militar se redujo considerablemente.

639. **La guerra causó numerosas víctimas entre la población civil** y la destrucción de infraestructuras en Irak y Kuwait. Se calcula que murieron hasta 100.000 civiles. Millones de personas tuvieron que desplazarse a causa de los combates. Algo **más de doscientos soldados estadounidenses** murieron en la guerra.

640. Durante la guerra del Golfo, los estadounidenses **vieron** por primera vez **noticias en directo** desde el frente.

641. **La guerra contra el terrorismo** es un término utilizado para referirse a la campaña militar global contra organizaciones e individuos terroristas, especialmente **Osama bin Laden** y su red Al Qaeda.

642. La guerra contra el terrorismo comenzó poco después de **los atentados del 11 de septiembre de 2001.** Los atentados cobraron cerca de tres mil vidas.

643. Cuatro aviones fueron secuestrados. **Dos se estrellaron contra el World Trade Center de Nueva York. Uno impactó contra el Pentágono.** Y otro fue tomado por los pasajeros y se estrelló en Pennsylvania. Probablemente se dirigía al Capitolio.

644. En octubre de 2001, la **OTAN** invocó por primera vez su cláusula de defensa colectiva debido al 11 de septiembre. Esta cláusula establece que un país de la OTAN que sea atacado debe ser tratado como si todos los países de la OTAN estuvieran bajo ataque.

645. La guerra contra el terrorismo ha dado lugar a numerosas intervenciones militares **en Afganistán, Irak, Pakistán y Somalia**. En su mayor parte, estas intervenciones han sido dirigidas por EE. UU.

646. **Las fuerzas estadounidenses han llevado a cabo ataques aéreos** dirigidos contra grupos militantes en estas y otras regiones de Oriente Próximo.

647. **Las fuerzas de la coalición internacional** han llevado a cabo con éxito varias misiones. Las fuerzas ayudan a los gobiernos locales a contrarrestar las actividades terroristas.

648. **En 2003, las fuerzas estadounidenses entraron en Irak** en busca de armas de destrucción masiva y para llevar la democracia al pueblo iraquí. Al día de hoy, no se ha encontrado ningún almacén importante de armas de destrucción masiva en Irak.

649. **Saddam Hussein** fue derrocado y asesinado en 2006, poniendo fin a su reinado de terror.

650. En 2011, **Osama bin Laden** fue abatido tras ser encontrado escondido en Abbottabad (Pakistán) por los Navy Seals estadounidenses durante una operación de asalto. Osama bin Laden orquestó el 11-S y era el líder de la organización terrorista llamada Al Qaeda.

651. Cada día, miles de soldados se enfrentan a los peligros que suponen los **artefactos explosivos improvisados** (IED) y los **terroristas suicidas.**

652. El uso de **aviones no tripulados para atacar a terroristas** ha sido muy debatido debido a las víctimas civiles que se derivan de esta práctica. Se calcula que solo en Pakistán, los ataques con drones mataron a más de dos mil civiles entre 2004 y 2014.

653. Las guerras asociadas a este conflicto han recibido **críticas generalizadas por las violaciones de derechos humanos** y las víctimas civiles. Ambos bandos son culpables de cometer crímenes de guerra.

654. En 2014, **la OTAN declaró terminada la guerra en Afganistán**. Muchas tropas estadounidenses permanecieron en el país. En 2021, los soldados estadounidenses se marcharon. Los talibanes se hicieron con el gobierno afgano.

655. **La guerra contra el terrorismo** ha causado casi **un millón de muertos** y decenas de millones de desplazados. Hasta ahora, Estados Unidos ha gastado unos ocho billones de dólares en la lucha contra el terrorismo.

656. Se cree que los países con una fuerte **presencia militar estadounidense** han reducido significativamente las actividades relacionadas con el terrorismo desde 2001.

657. Este conflicto tuvo un **impacto** significativo **en las relaciones internacionales** entre las distintas naciones, especialmente en aquellas directamente implicadas o afectadas.

658. Desde 2001, **la guerra contra el terrorismo** ha hecho que los gobiernos establezcan leyes de vigilancia más estrictas, lo que ha llevado a restricciones de las libertades civiles en muchos países.

659. **Las Fuerzas Especiales estadounidenses** continúan sus operaciones en Irak, proporcionando formación y apoyo al personal de seguridad local encargado de contrarrestar las amenazas terroristas.

660. Tras dos décadas de conflicto entre las fuerzas de la coalición y facciones terroristas, como **Al Qaeda y el ISIS,** sigue habiendo conflictos activos en muchas regiones de todo el mundo. Actualmente **no se ha fijado una fecha precisa para el fin de esta guerra.** Muchos creen que es poco probable que el terrorismo termine algún día.

Estados Unidos de América en el siglo XXI

Este capítulo explorará los muchos acontecimientos importantes que han tenido lugar **en Estados Unidos en el siglo XXI**. Con estos treinta hechos, conocerá cómo se ha desarrollado esta nación hasta convertirse en una gran potencia mundial. Descubriremos sus avances en tecnología, relaciones globales, reforma sanitaria y mucho más. ¡Descubra por qué comprender **la historia reciente de este país es tan fundamental para entender su futuro!**

661. **En 2003, Estados Unidos invadió Irak** y derrocó a Sadam Husein en poco más de un mes.

662. **Estados Unidos ha participado en múltiples conflictos internacionales** en el siglo XXI en lugares como Siria y Libia como parte de sus esfuerzos hacia la estabilidad y la paz mundial.

663. **Tras el paso del huracán Katrina** por Nueva Orleans en 2005, el presidente George W. Bush firmó la concesión de ayudas por valor de 10.500 millones de dólares para las víctimas afectadas por este desastre.

664. En 2005, los estadounidenses fueron azotados por tres grandes huracanes en pocas semanas: **Katrina** (agosto), **Rita** (septiembre) y **Wilma** (octubre).

665. **Estados Unidos eligió** su primer presidente afroestadounidense, **Barack Obama**, en 2008.

666. En 2009, **el gobierno de EE. UU. aprobó un paquete de estímulo económico** para ayudar a reactivar la economía de una crisis financiera que había causado enormes tasas de desempleo en todo Estados Unidos y graves caídas del mercado de valores.

667. En 2009, **el presidente Obama ganó su Premio Nobel de la Paz** por promover el desarme nuclear mientras lideraba negociaciones con líderes extranjeros sobre asuntos internacionales de gran importancia.

668. En 2010, **el Gobierno de Obama aprobó una ley de reforma sanitaria** de **vital** importancia, conocida comúnmente como «Obamacare», que aumentó el acceso a la cobertura médica en todo Estados Unidos.

669. En 2010, científicos estadounidenses crearon el primer organismo sintético del mundo a partir de cadenas de ADN en un laboratorio.

670. El movimiento **«Occupy Wall Street»** fue una protesta contra la avaricia empresarial y la desigualdad económica. Se extendió rápidamente por ciudades de Estados Unidos, incluida Nueva York, donde comenzó.

671. **El rover Curiosity de la NASA aterrizó en Marte** para su exploración en 2012. El proyecto tuvo un coste estimado de 2.500 millones de dólares, lo que la convierte en una de las misiones espaciales más caras jamás emprendidas.

672. En 2013, **Edward Snowden** filtró documentos gubernamentales que revelaban información sobre los programas de vigilancia de Estados Unidos contra ciudadanos y países extranjeros.

673. **La igualdad matrimonial fue finalmente aprobada en todo el país** tras batallas legales que duraron casi diez años. El Tribunal Supremo dictó sentencia en el caso Obergefell contra Hodges, declarando que el matrimonio entre personas del mismo sexo era un derecho constitucional desde junio de 2015.

674. **Tras varios años** de negociaciones entre varias partes, Irán alcanzó un acuerdo nuclear con las potencias mundiales, incluida Estados Unidos, en 2015. **Irán aceptó reducir sus reservas de uranio.**

675. El 21 de agosto de 2017, **un eclipse solar total cubrió catorce estados,** proporcionando a millones de personas una visión única de este fenómeno natural.

676. **EE. UU. ha visto avances significativos en tecnología** durante este siglo, desde smartphones hasta carros autoconducidos. En todo el país se están desarrollando aplicaciones de inteligencia artificial (IA).

677. **Apple Inc. fue fundada por Steve Jobs** y otros en 1976. En 2010, valía más de 65.000 millones de dólares. Dos años después, valía 156.000 millones de dólares.

678. **Las redes sociales,** como **Twitter** y **Facebook**, se han vuelto omnipresentes en el mundo desde su lanzamiento a principios del siglo XXI. Estas plataformas permiten a miles de millones de personas conectarse instantáneamente a través de continentes sin barreras.

679. **En 2014, Google compró Nest Labs**, convirtiéndose en una de las primeras grandes empresas en invertir fuertemente en tecnologías de automatización del hogar como termostatos inteligentes, sistemas de seguridad y otros dispositivos.

680. A partir de 2022, **Estados Unidos albergará la mayor economía del mundo**, con más del 15 % del PIB (producto interior bruto) mundial.

681. En 2019, casi **165.5 millones de personas visitaron Estados Unidos**, lo que lo convierte en uno de los destinos turísticos más populares del mundo.

682. **El PIB per cápita de Estados Unidos es uno de los más altos del mundo.** Se estima que rondaba los 65.000 dólares en 2020, lo que lo convierte en un destino atractivo para quienes buscan oportunidades económicas en el extranjero.

683. **Estados Unidos ha sido testigo de un aumento de tiroteos masivos** en todo el país desde 2007, lo que ha dado lugar a numerosos debates y discusiones sobre la legislación en materia de armas.

684. **Estados Unidos es uno de los principales contribuyentes a las emisiones de gases de efecto invernadero.** Como parte del Acuerdo de París sobre el Clima, Estados Unidos se comprometió a reducir sus emisiones entre un 26 % y un 28 % respecto a los niveles de 2005 para 2025. Aunque EE. UU. tenía previsto abandonar el Acuerdo de París, Biden volvió a comprometerse con el acuerdo cuando asumió la presidencia.

685. En 2016, **Estados Unidos por primera vez eligió una candidata a la presidencia, Clinton**, aunque finalmente perdió frente a Donald Trump.

686. En 2020, **la NASA lanzó el vehículo explorador Perseverance,** que aterrizó en Marte en 2021. Mientras se escriben estas líneas, está recogiendo con éxito datos del planeta rojo para ayudar a estudiar su entorno.

687. En 2020, **Estados Unidos experimentó** un número inusualmente alto de casos y muertes debido a un **brote de virus**. En respuesta a esta pandemia, Estados Unidos tomó medidas en 2021 para proporcionar alivio a los ciudadanos en términos de salud y estabilidad económica.

688. En 2022, **Estados Unidos había distribuido 613 millones de dosis**. El país también promulgó en 2021 el Plan de Rescate Estadounidense un paquete de estímulo económico de 1.9 billones de dólares. El gobierno también aprobó iniciativas adicionales destinadas a proporcionar alivio durante estos tiempos difíciles.

689. El 6 de enero de 2021, **los partidarios de Trump irrumpieron en el Capitolio para protestar** y detener la certificación de la victoria de Joe Biden contra Trump. En el momento de escribir estas líneas, se está investigando si el presidente Trump los alentó.

690. En 2022, **EE. UU. continuó abordando grandes desafíos** como el cambio climático mientras trabajaba para restablecer las relaciones internacionales a través de inversiones en fuentes de energía renovables y proyectos de ciberseguridad, entre otros.

Sección 2: Descubriendo más hechos fascinantes de la historia de Estados Unidos

Principales acontecimientos políticos que dieron forma a la política actual

Este capítulo profundizará en **los principales acontecimientos políticos del mundo y de Estados Unidos.** Estos treinta hechos explorarán momentos clave de la historia, como **la Revolución estadounidense, la guerra civil** y acontecimientos más recientes como el **movimiento MeToo.** También veremos cómo estos acontecimientos influyeron en la política exterior, los movimientos por los derechos civiles y el poder económico de Estados Unidos. Mediante la comprensión de estos momentos cruciales en el tiempo, tendremos una mayor apreciación de su papel en la configuración del panorama político actual.

691. **La Carta Magna** de 1215 fue un importante documento de la historia de Inglaterra que limitó el poder del rey y estableció derechos fundamentales para todas las personas, incluidos los nobles. **La Carta Magna** influyó en gran medida en la Constitución estadounidense.

692. **En 1776, Estados Unidos declaró su independencia de Gran Bretaña** y se convirtió en una nueva nación con sus propias leyes y sistema de gobierno.

693. **La Constitución estadounidense fue redactada en 1787** y es la ley suprema de Estados Unidos. Es la constitución escrita más antigua que se sigue utilizando en la actualidad y esboza la estructura del gobierno federal.

694. **La Revolución francesa comenzó en 1789** con el objetivo de derrocar la monarquía y establecer una república democrática. Siguieron otras revoluciones, muchas de las cuales se inspiraron en las revoluciones estadounidense y francesa.

695. **La compra de Luisiana** fue una importante transacción de tierras en 1803. Estados Unidos pagó a Francia 15 millones de dólares por 828.000 millas cuadradas al oeste del río Misisipi. Esta compra duplicó con creces el tamaño de Estados Unidos y abrió la expansión del país hacia el oeste.

696. **La guerra de 1812** se libró para obtener el control de los Grandes Lagos y la frontera canadiense. El conflicto acabó en tablas. Sin embargo, estableció a Estados Unidos como una nación poderosa, ya que el país pudo mostrar su fuerza al resto del mundo.

697. **La guerra mexicano-estadounidense** duró de 1846 a 1848. Como resultado de la guerra, EE. UU. ganó más de 500.000 millas cuadradas de tierra, incluyendo partes de las actuales California, Arizona, Nuevo México y Nevada, entre otras.

698. **El Manifiesto comunista** fue escrito por Karl Marx y Friedrich Engels en 1848. El texto abogaba por una sociedad sin clases basada en la propiedad común de las fuerzas de producción, lo que acabó provocando revueltas en toda Europa en el siglo XIX.

699. **Durante la Revolución Industrial** (1760-1850), las máquinas sustituyeron al trabajo manual en todo el mundo, lo que condujo a un mayor crecimiento económico y a la pobreza de ciertos grupos de trabajadores.

700. **La esclavitud fue abolida en muchos países** en el siglo XIX, ya que la gente empezó a considerarla moralmente incorrecta.

701. **La guerra civil** se libró **entre los estados del norte y del sur** de Estados Unidos entre 1861 y 1865. La guerra se libró por la cuestión de la esclavitud, y tuvo como resultado la abolición de la esclavitud y la reunificación de Estados Unidos.

702. En **la Conferencia de Berlín** de 1884/85, las naciones europeas se repartieron África en beneficio de sus intereses, lo que dio lugar a un largo periodo de colonización y explotación del continente por parte de potencias extranjeras. Aunque Estados Unidos no colonizó África, sí desempeñó un papel en el continente con la formación de Liberia.

703. **La guerra hispano-estadounidense** se libró por la independencia de Cuba en 1898. Como resultado, Estados Unidos se hizo con el control de varios territorios españoles, entre ellos Puerto Rico y Filipinas.

704. **La Primera Guerra Mundial** (1914-1918) se libró entre las potencias centrales (Alemania, Austria-Hungría, Turquía y Bulgaria) y las fuerzas aliadas (Gran Bretaña, Francia, Rusia y Estados Unidos). Provocó millones de muertos y cambió muchas fronteras, creando el mapa que hoy conocemos.

705. **La Gran Depresión** fue una grave recesión económica que comenzó en 1929 y duró hasta principios de la década de 1940. La Gran Depresión tuvo un efecto devastador en la economía mundial y provocó desempleo y pobreza generalizados.

706. En 1963, **el presidente John F. Kennedy fue asesinado.** La noticia conmocionó a Estados Unidos. Otras tres personas notables serían asesinadas en la década de 1960: Malcolm X, Martin Luther King Jr. y Bobby Kennedy (hermano de JFK), que se presentaba a las elecciones presidenciales.

707. **La guerra de Vietnam** fue un conflicto entre Vietnam del Norte y Vietnam del Sur. Duró de 1955 a 1975. Estados Unidos se involucró en la guerra en 1965, y su participación fue muy controvertida. La guerra tuvo un impacto duradero en la economía, la política y la política exterior de Estados Unidos.

708. **El escándalo Watergate** fue un escándalo político de la década de 1970. Un grupo de hombres irrumpió en la sede del Comité Nacional Demócrata en el edificio de oficinas y hotel Watergate de Washington D.C. El escándalo provocó **la dimisión del presidente republicano Richard Nixon** e influyó en la política estadounidense durante décadas.

709. **La crisis de los rehenes iraníes** fue una crisis diplomática que duró de 1979 a 1981. Militantes iraníes tomaron la embajada de Estados Unidos en Teherán y mantuvieron secuestrados a cincuenta y dos diplomáticos y civiles durante 444 días. Cuando Irak invadió Irán en 1980, Irán pidió ayuda a Estados Unidos. Todos los rehenes serían liberados en 1981, aunque los militantes comenzaron a liberar grupos de rehenes en 1979.

710. *Reaganomics* **es el término utilizado para referirse a las políticas económicas del presidente Ronald Reagan**. Puso en práctica varias políticas conservadoras, como recortes fiscales, desregulación y una firme política exterior anticomunista. Reaganomics tuvo un impacto duradero en la política y la economía estadounidenses.

711. **La guerra de Irak** fue un conflicto entre Estados Unidos e Irak que duró desde 2003 hasta 2011. La guerra se libró por las armas de destrucción masiva de Irak y el brutal régimen de Sadam Husein. La guerra resultó en el derrocamiento de Saddam Hussein y el establecimiento de un gobierno democrático en Irak.

712. **La Primavera Árabe** fue una serie de protestas y levantamientos en Oriente Medio y el Norte de África que tuvieron lugar entre 2010 y 2012. Las protestas desembocaron en el derrocamiento de varias dictaduras y tuvieron un profundo impacto en la política exterior de Estados Unidos en la región.

713. **Las elecciones presidenciales** de 2012 **enfrentaron al presidente Barack Obama y al aspirante republicano Mitt Romney**. Las elecciones fueron muy reñidas, pero el presidente Obama fue reelegido, convirtiéndose en el primer presidente afroestadounidense en cumplir dos mandatos.

714. **En 2015, la decisión del Tribunal Supremo de Estados Unidos sobre el matrimonio entre personas del mismo sexo supuso una victoria histórica para los derechos LGBTQ** y sirvió de trampolín para nuevos avances en el ámbito de los derechos civiles.

715. **En las elecciones presidenciales de 2016 se enfrentaron la candidata demócrata Hillary Clinton y el candidato republicano Donald Trump**. Este último fue elegido presidente, convirtiéndose en el primer presidente de la historia de EE. UU. elegido sin experiencia política o militar previa.

716. **Las elecciones presidenciales de 2016 destacaron por el papel de las redes sociales.** Ambas campañas utilizaron ampliamente plataformas de redes sociales, como **Twitter y Facebook,** y la elección ha sido descrita como la «primera elección de redes sociales» en la historia de Estados Unidos.

717. **El movimiento #MeToo es un movimiento internacional que pretende acabar con la violencia y el acoso sexual.** El movimiento comenzó en 2006, pero cobró impulso en 2017. MeToo ha generado conciencia sobre los problemas cotidianos a los que se enfrentan niñas y mujeres.

718. **La Ley de Recortes y Empleos Fiscales de 2017 fue un amplio paquete de reformas fiscales** aprobado por el Congreso y promulgado por el presidente Trump en diciembre de 2017. El paquete fue muy controvertido, pero tuvo un impacto significativo en la economía estadounidense y condujo a una gran reducción de impuestos para muchos estadounidenses.

719. **En 2018, Estados Unidos se convirtió en el mayor productor mundial de crudo** y mantuvo su posición hasta 2021, revolucionando el mercado energético mundial y aumentando el peso financiero y político de Estados Unidos en el escenario mundial.

720. **Las elecciones presidenciales de 2020 enfrentaron al actual presidente Donald Trump y al aspirante demócrata Joe Biden**. La elección fue muy disputada, pero Joe Biden fue elegido presidente, convirtiéndose en la persona de más edad en ser elegido presidente en la historia de Estados Unidos.

Logros deportivos en la historia de Estados Unidos

En este capítulo exploraremos algunos de **los increíbles logros deportivos conseguidos por atletas estadounidenses a lo largo de la historia**. Repasaremos treinta hechos para comprender cómo **los estadounidenses han dominado las competiciones olímpicas y mundiales** y han batido récords en béisbol, baloncesto y boxeo.

Descubra **por qué los equipos estadounidenses siguen teniendo tanto éxito hoy en día** gracias a su compromiso con la excelencia a través de la dedicación y el trabajo duro.

721. **Estados Unidos** ha sido uno de los países con más éxito en los Juegos Olímpicos modernos. En el momento de escribir estas líneas, ¡ha ganado más de mil medallas de oro!

722. **El deporte femenino** ha tenido un gran impacto en la historia de Estados Unidos. Babe Didrikson Zaharias se convirtió en una de las más grandes atletas estadounidenses, ganando dos medallas de oro en atletismo. Wilma Rudolph también triunfó en la misma categoría en los Juegos Olímpicos de Roma 1960, donde ganó tres medallas de oro.

723. **Bob Beamon batió su récord mundial de salto de longitud** y actual marca olímpica con un salto de 8,90 metros (29 pies, 2,5 pulgadas) en los Juegos Olímpicos de Ciudad de México en 1968, estableciendo un récord que no se batiría hasta 1991.

724. **Dan Gable** es considerado uno de los **mejores atletas de lucha libre** tras **ganar los Juegos Olímpicos de Verano de 1972** sin ceder un solo punto. Inmovilizó a todos sus oponentes y se colgó la medalla de oro, siendo el primer luchador estadounidense en conseguirlo en doce años.

725. En 1980 se produjo un partido de hockey llamado **«Milagro sobre hielo»**. Fue una de las mayores sorpresas de la historia del deporte. **El equipo masculino de hockey de Estados Unidos, compuesto en su mayoría por aficionados, venció a los soviéticos,** que eran los grandes favoritos para los Juegos Olímpicos de ese año. El «Milagro sobre hielo» se convirtió en un ícono de la historia de los perdedores.

726. **Los Juegos Olímpicos de Los Ángeles 1984 fueron sensacionales para Estados Unidos.** Los atletas estadounidenses ganaron 174 medallas, 83 de oro, 61 de plata y 30 de bronce, convirtiéndose en una de las actuaciones olímpicas más exitosas de Estados Unidos.

727. **Tonya Harding** hizo historia al convertirse en la primera patinadora artística estadounidense en realizar un triple salto axel en los campeonatos estadounidenses de patinaje artístico de 1991. Sus logros sobre el hielo suelen quedar eclipsados por sus polémicas fuera de la pista.

728. En 1992 **se creó el Dream Team estadounidense**. Este equipo estaba formado por jugadores activos de la NBA (Asociación Nacional de Baloncesto). Algunos de sus miembros eran **Larry Bird, Michael Jordan, Magic Johnson, Charles Barkley, Patrick Ewing y Scottie Pippen**. Lo han llamado el mejor equipo deportivo jamás reunido.

729. En 1996, **Michael Johnson** se convirtió en un atleta emblemático por su actuación en los Juegos Olímpicos de Atlanta, cuando ganó las carreras de 200 y 400 metros. Es el único atleta masculino que lo ha conseguido hasta la fecha en las mismas Olimpiadas.

730. **La Maratón de Boston** es una maratón anual que comenzó el 19 de abril de 1897. Tradicionalmente se celebra el Día del Patriota, que conmemora la cabalgata de Paul Revere.

731. **Jack Johnson** se convirtió en 1908 en el primer afroestadounidense campeón del mundo de boxeo de los pesos pesados.

732. **Joe Louis** fue **campeón mundial de boxeo** de los pesos pesados **durante doce años,** de 1937 a 1949, convirtiéndose en una figura emblemática para los afroestadounidenses. Defendió su título veinticinco veces.

733. **El primer partido de fútbol profesional** se jugó en 1892. Se enfrentaron la Allegheny Athletic Association y el Pittsburgh Athletic Club.

734. **La Asociación Estadounidense de Fútbol Profesional** se creó en 1920. Dos años más tarde, cambió su nombre por el de National Football League (NFL). El fútbol americano se considera el deporte más visto en Estados Unidos.

735. **El Super Bowl** es la final de los playoffs entre los mejores equipos de fútbol americano. Es uno de los programas de televisión más vistos en la historia de EE. UU. y sólo es superado por Acción de Gracias en cuanto a consumo de comida.

736. **El equipo de béisbol de los New York Yankees** es uno de los equipos deportivos más laureados de Estados Unidos. El equipo ha ganado veintisiete campeonatos de las Series Mundiales. Algunos de los jugadores más emblemáticos de la historia del béisbol jugaron para los Yankees, como **Babe Ruth, Joe DiMaggio, Mickey Mantle y Lou Gehring.**

737. **Willie Mays** es considerado uno de los mejores jugadores de béisbol, con 660 jonrones en su carrera, un premio al Jugador más valioso en 1954 y 23 selecciones para el All-Star a lo largo de sus 22 años de carrera.

738. **La leyenda del béisbol Hank Aaron** logró 755 jonrones en 21 temporadas, lo que impuso el récord de la época. Se le conoce como el «Rey del jonrón» de la Major League Baseball (MLB).

739. En 2004, **los Medias Rojas de Boston** pusieron fin a una sequía de ochenta y seis años cuando finalmente ganaron su primer título de la Serie Mundial desde 1918 al barrer a los Cardenales de San Luis en cuatro partidos, dando a los aficionados una razón para celebrar después de tantos años de miseria.

740. **El baloncesto fue inventado** por James Naismith en Springfield, Massachusetts, en 1891, y hoy es un deporte popular en todo el mundo.

741. En 1996, **los Chicago Bulls** ganaron setenta y dos de los ochenta y dos partidos de la temporada regular, estableciendo el récord de victorias de la NBA en un año. Los Golden State Warriors batieron ese récord en la temporada 2015/16, ganando setenta y tres partidos.

742. **Michael Jordan jugó en los Chicago Bulls** y es uno de los deportistas estadounidenses más célebres de la actualidad. Tiene muchos logros, dos de los cuales son ganar el campeonato de la NBA seis veces y ser el MVP de la NBA cinco veces.

743. **La Asociación Nacional de Baloncesto Femenino de Estados Unidos** ha tenido un éxito increíble desde su creación en 1996. En el momento de escribir estas líneas, la selección femenina de Estados Unidos tiene uno de los mejores récords de los Juegos Olímpicos, sin conocer la derrota desde 1992. También ocupa el primer puesto en la clasificación de la FIBA.

744. **Los deportes de equipo femeninos** han crecido significativamente en la historia de Estados Unidos, especialmente tras la aprobación en 1972 de la legislación Title IX, que permitió a las atletas femeninas acceder con igualdad a oportunidades educativas y de financiación en el deporte.

745. **La selección nacional femenina de fútbol de Estados Unidos** (USWNT) ha cosechado un éxito increíble desde su formación en 1985, ganando cuatro medallas de oro olímpicas de 1996 a 2012. También ha ganado cuatro Mundiales femeninos en 1991, 1999, 2015 y 2019.

746. **Billie Jean King** se convirtió en una de las tenistas más icónicas después de ganar un legendario partido contra Bobby Riggs en el Astrodome de Houston en 1973, conocido como la «Batalla de los sexos».

747. **Venus y Serena Williams** hicieron historia al convertirse en las dos tenistas femeninas mejor clasificadas en 2002. Las hermanas han logrado cosas asombrosas en la pista. Venus Williams ha ganado cuatro medallas de oro olímpicas, siete Grand Slams y cinco campeonatos de Wimbledon. Serena Williams también tiene cuatro medallas de oro olímpicas y treinta y nueve Grand Slams. Las hermanas son un ejemplo para las jóvenes de todo el mundo.

748. Aunque el **hockey (la NHL)** no es tan popular como el fútbol o el baloncesto, sigue siendo una de las principales franquicias deportivas de Estados Unidos. En la temporada 1995/96, **los Detroit Red Wings consiguieron** el mayor número de victorias en una sola temporada. Los Tampa Bay Lightning empataron las sesenta y dos victorias de los Wings en la temporada 2018/19.

749. **Tiger Woods** estableció varios récords durante su histórica victoria en el Torneo Masters de 1997 al convertirse no solo en el ganador más joven, sino también en el primer golfista afroestadounidense en lograrlo. En 2001, se convirtió en el jugador más joven en completar un Grand Slam (ganar los cuatro principales torneos profesionales de golf en su carrera).

750. **Lance Armstrong** hizo historia al convertirse en la única persona en ganar siete títulos consecutivos del Tour de Francia entre 1999 y 2005 antes de ser despojado de todas sus victorias debido a acusaciones de dopaje en 2012.

Conflictos militares librados por estadounidenses

Este capítulo explorará **los diversos conflictos militares librados por los estadounidenses** a lo largo de la historia. Echaremos un vistazo a treinta datos sobre conflictos, desde la **guerra de la Independencia** hasta la actual **guerra en Siria.**

751. **La guerra de la Revolución estadounidense** se libró entre Gran Bretaña y las colonias americanas entre 1775 y 1783. La guerra se libró después de que las colonias americanas declararan su independencia de Gran Bretaña y trataran de establecer una nueva nación.

752. Los británicos acabaron siendo derrotados por las fuerzas estadounidenses en **la batalla de Yorktown en 1781.** La guerra terminó con la firma del Tratado de París en 1783, que reconocía oficialmente a los Estados Unidos de América como nación independiente.

753. **Las guerras Berberiscas** fueron una serie de conflictos librados entre Estados Unidos y los estados berberiscos del norte de África entre 1801 y 1815.

754. Las guerras se libraron después de que **los Estados Berberiscos comenzaran a atacar a los barcos mercantes estadounidenses** en el Mediterráneo y a exigir tributos a Estados Unidos. Finalmente, Estados Unidos se hizo con el control de la región. La Primera guerra Berberisca terminó con la firma del Tratado de Trípoli en 1805. La Segunda guerra Berberisca duró sólo tres días y también terminó con una victoria estadounidense.

755. **La guerra de 1812** fue un conflicto librado entre Gran Bretaña y Estados Unidos entre 1812 y 1815. La guerra fue desencadenada por varias disputas entre los dos países, incluyendo la ira estadounidense por la interferencia británica con el transporte marítimo estadounidense y el reclutamiento de marineros estadounidenses para la armada británica.

756. **Los británicos fueron finalmente derrotados en la guerra de 1812.** Una de las mayores victorias de los estadounidenses fue la batalla de Nueva Orleans, que tuvo lugar una vez finalizada la guerra. El conflicto terminó oficialmente con la firma del Tratado de Gante en 1815.

757. **Las guerras contra los indígenas norteamericanos** fueron una serie de conflictos librados entre las tribus nativas y el gobierno de los Estados Unidos desde principios del siglo XVII hasta principios del siglo XX.

758. Las guerras se libraron principalmente para obtener el control de las tierras tribales de **los nativos americanos y para expulsarlos de sus tierras ancestrales**. Muchas tribus diferentes se vieron implicadas en los conflictos, pero Estados Unidos acabó haciéndose con el control de gran parte del occidente del continente.

759. **Las guerras Seminolas** fueron una serie de conflictos librados entre Estados Unidos y la tribu Seminola entre 1816 y 1858. Las guerras se libraron después de que los seminolas se negaran a abandonar sus tierras tribales en Florida, que Estados Unidos quería utilizar para expandir su territorio. Finalmente, Estados Unidos se hizo con el control de la región.

760. **La guerra mexicano-estadounidense** se libró entre Estados Unidos y México de 1846 a 1848.

761. La guerra se desencadenó por una disputa sobre la frontera entre ambos países. Finalmente, Estados Unidos se alzó con la victoria y obtuvo el control de gran parte de lo que hoy es el suroeste de Estados Unidos. La guerra terminó con la firma del **Tratado de Guadalupe Hidalgo en 1848**.

762. **La guerra civil estadounidense** se libró entre la Unión y los Estados Confederados de 1861 a 1865.

763. **La guerra se libró después de que los Estados Confederados se separaran de la Unión para establecer una nueva nación.** La guerra fue sangrienta y ambos bandos sufrieron muchas bajas. La guerra terminó con la rendición del ejército confederado en Appomattox Court House en 1865.

764. **La guerra hispano-estadounidense** se libró entre España y Estados Unidos en 1898. La guerra fue desencadenada por el hundimiento del USS Maine en el puerto de La Habana, Cuba, en febrero de 1898.

765. **Estados Unidos se proclamó vencedor de la guerra** y obtuvo el control de las islas del Caribe y el Pacífico. La guerra terminó con el Tratado de París en 1898.

766. **La guerra filipino-estadounidense** fue un conflicto librado entre Estados Unidos y los revolucionarios filipinos entre 1899 y 1902.

767. El deseo de **los revolucionarios filipinos** de independizarse del control estadounidense desencadenó la guerra. Los soldados estadounidenses lograron finalmente ocupar las islas y acabar con los revolucionarios en su mayor parte.

768. **La Primera Guerra Mundial** se libró entre las potencias aliadas y centrales **de 1914 a 1918.** La guerra se desencadenó a raíz del asesinato del archiduque Francisco Fernando de Austria-Hungría en junio de 1914, y las potencias aliadas acabaron alzándose con la victoria y haciéndose con el control de gran parte de Europa. La Primera Guerra Mundial cambió la forma de luchar y terminó con la firma del Tratado de Versalles en 1919.

769. **La Segunda Guerra Mundial** se libró entre las potencias Aliadas y del Eje **entre 1939 y 1945**. La guerra se desencadenó por la invasión de Polonia por la Alemania nazi en septiembre de 1939, aunque las potencias aliadas acabaron proclamando la victoria. La guerra terminó con la rendición de Japón en 1945.

770. **La guerra de Corea** fue un conflicto librado entre Corea del Norte y Corea del Sur **entre 1950 y 1953**. La guerra fue desencadenada por la invasión de Corea del Sur por parte de Corea del Norte en junio de 1950.

771. Aunque Corea del Norte obtuvo algunos logros, Corea no se unió. Tras la guerra, Corea siguió dividida. Se firmó un acuerdo de armisticio, por lo que técnicamente la guerra nunca terminó.

772. **La guerra de Vietnam** se libró entre Vietnam del Norte y Vietnam del Sur entre **1955 y 1975**. La guerra fue desencadenada por la invasión norvietnamita de Vietnam del Sur en 1955.

773. Otras naciones entraron en la guerra de Vietnam, y Estados Unidos envió cientos de miles de tropas a la zona. **Los Acuerdos de Paz de París se firmaron en 1973**, y dos años después, Vietnam del Norte tomó Vietnam del Sur.

774. **La guerra del Golfo** se libró entre Irak y una coalición de fuerzas, entre las que se encontraba Estados Unidos, entre 1990 y 1991.

775. **La invasión iraquí de Kuwait** desencadenó la primera guerra del Golfo en agosto de 1990, en la que las fuerzas de la coalición acabaron proclamando la victoria y haciéndose con el control de la región. La guerra terminó con un acuerdo de alto el fuego en 1991.

776. **La guerra de Irak** se libró entre Estados Unidos e Irak **entre 2003 y 2011**. La guerra fue desencadenada por la invasión estadounidense de Irak en 2003.

777. **Estados Unidos ganó la guerra** y derrocó al régimen de Sadam Husein. En 2011, las últimas tropas estadounidenses abandonaron Irak.

778. **La guerra de Afganistán** es un conflicto que duró desde 2001 hasta 2021.

779. La guerra fue desencadenada por la invasión estadounidense de Afganistán en 2001 **después de que los talibanes se negaran a entregar a Osama bin Laden**. Estados Unidos acabó encontrando a Osama bin Laden, pero no tuvo éxito en la guerra, ya que los talibanes se hicieron con el control del país.

780. **La guerra civil siria** es un conflicto que estalló en 2011 entre el gobierno sirio y varios grupos rebeldes. La guerra fue desencadenada por la represión del gobierno sirio contra los disidentes. En el momento de escribir este artículo, el conflicto sigue abierto.

Revolución tecnológica en Estados Unidos

Este capítulo explorará las increíbles y revolucionarias tecnologías que han revolucionado nuestras vidas en los últimos dos siglos. A través de estos treinta datos, conocerá algunos de **los inventos más importantes de la historia**, como **los teléfonos, los automóviles y los computadores**. Investigaremos cómo estos productos cambiaron para siempre la comunicación y el transporte. Comprender esta fascinante revolución tecnológica es esencial para mantenerse al día en un mundo que cambia rápidamente.

781. **La revolución tecnológica comenzó en EE. UU.** a finales del siglo XIX, con el desarrollo de nuevas tecnologías como el teléfono y el automóvil.

782. **A Alexander Graham Bell** se le atribuye la invención del teléfono en 1876. El teléfono cambió la forma en que la gente se comunicaba.

783. En 1877, **Thomas Edison** inventó el fonógrafo, que podía grabar y reproducir sonidos.

784. **Thomas Edison fue un prolífico inventor estadounidense.** También inventó la máquina llamada Kinetoscopio, ¡que podía mostrar imágenes en movimiento!

785. A **los hermanos Wright** se les atribuye la invención del vuelo propulsado tras su exitoso primer vuelo en aeroplano el 17 de diciembre de 1903, cerca de Kitty Hawk, Carolina del Norte.

786. **El coche Modelo-T de Henry Ford** salió al mercado en 1908, revolucionando el transporte en EE. UU. y haciendo que viajar fuera más fácil que nunca.

787. **Los computadores se introdujeron por primera vez en el lugar de trabajo** en las décadas de 1950 y 1960, haciendo que tareas como el cálculo de números fueran mucho más rápidas. Los computadores se popularizaron realmente en la década de 1980.

788. **El inventor germano-estadounidense Ralph Baer** creó en 1967 el primer videojuego digital llamado «Brown Box», que le permitía enfrentarse a dos jugadores. El juego se transformó más tarde en el primer juego de consola llamado Magnavox Odyssey.

789. En 1968, ARPANET (**Red de la Agencia de Proyectos de Investigación Avanzada**) envió el primer mensaje a través de computadores conectados en red; ¡este fue el comienzo de lo que hoy conocemos como Internet!

790. **Los teléfonos móviles** fueron inventados por Martin Cooper en 1973. Con el tiempo, los teléfonos móviles permitirían a la gente hacer llamadas sobre la marcha sin estar atados a teléfonos fijos o de pago.

791. **Apple lanzó su primer computador personal,** el Apple I, en 1976, revolucionando el uso de los computadores en casa y en el trabajo.

792. En los años 80 se produjo una explosión de productos tecnológicos, con empresas como **Nintendo** (con sede en Japón) lanzando su icónica consola de videojuegos conocida como NES (**Nintendo Entertainment System**).

793. **IBM introdujo el Computador Personal** en 1981, permitiendo a la gente utilizar los computadores para tareas cotidianas y entretenimiento.

794. En 1994 se lanzó el popular navegador web **Netscape Navigator**, que facilitó enormemente la navegación por Internet.

795. En 1997, una empresa surcoreana presentó los **reproductores MP3,** que cambiaron radicalmente la forma de escuchar música. Hoy en día nos sigue gustando escuchar música sobre la marcha.

796. En el año 2000, **Google** se convirtió en el motor de búsqueda más utilizado del mundo.

797. La tecnología **Wi-Fi (Wireless Fidelity)** se puso a disposición de los consumidores en 1997, pero no se generalizó hasta 2003, cuando empezó a aparecer en cada vez más lugares, como escuelas, empresas y hogares.

798. Los sitios de **redes sociales**, como **Facebook**, empezaron a aparecer a finales de los 90; ahora, casi todo el mundo tiene una cuenta en una o más plataformas de redes sociales.

799. **El iPhone de Apple** salió al mercado en 2007, introduciendo la revolucionaria tecnología de pantalla táctil en la vida de las personas y simplificando aún más la comunicación.

800. Poco después del iPhone aparecieron **teléfonos inteligentes** con funciones avanzadas, que revolucionaron la forma en que nos relacionamos hoy en día.

801. Aunque las *apps* (**aplicaciones**) existen desde finales de los 90, no se popularizaron hasta 2008. Hoy usamos *apps* para jugar y pedir comida.

802. La **impresión en 3D** existe desde los años 80, pero desde hace poco es mucho más asequible y accesible. Ahora se puede utilizar la impresión 3D para imprimir casi cualquier cosa.

803. En la última década se ha popularizado la **tecnología portátil**, como las pulseras de *fitness*. Estos dispositivos ayudan a controlar la actividad física y la salud.

804. Los cascos de **realidad virtual (RV)** existen desde 1975, pero no se pusieron a disposición del público hasta mediados de la década de 2010. La RV sitúa a los usuarios en entornos digitales que parecen reales.

805. La **inteligencia artificial (IA)** se utiliza hoy en día en muchos aspectos de la vida, como los autos automáticos y los asistentes de voz.

806. La **realidad aumentada (RA),** con la que se experimentó por primera vez en 1994, se ha hecho cada vez más popular en los últimos años. Combina la vida real con el mundo virtual. Pokémon Go es un gran ejemplo de aplicación de realidad aumentada.

807. Los **drones automáticos** se utilizan ahora para servicios de reparto y tareas de vigilancia gracias a su mayor precisión y eficiencia.

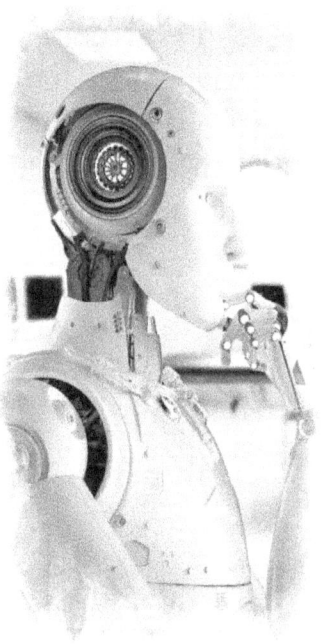

808. La **computación cuántica** es un campo relativamente nuevo de la informática que está ampliando los límites de lo que los computadores pueden hacer basándose en la teoría cuántica.

809. Las **tecnologías robóticas** han avanzado significativamente en los últimos años. Los robots son ahora capaces de completar tareas complejas con precisión.

810. La **computación en nube** permite a las personas almacenar sus datos en línea para acceder a ellos desde cualquier lugar sin preocuparse de perderlos.

El movimiento por los derechos de la mujer en Estados Unidos

Este capítulo explora la historia y el progreso del **movimiento por los derechos de la mujer en Estados Unidos**. Se analizan treinta datos para descubrir cómo figuras influyentes como **Susan B. Anthony, Alice Paul y Gloria Steinem** consiguieron cambios importantes para las mujeres a lo largo de la historia de Estados Unidos.

Descubra cómo organizaciones como NOW (**Organización Nacional de Mujeres**, por sus siglas en inglés), plataformas de medios sociales y protestas continúan esta lucha hoy en día.

811. **El movimiento por los derechos de la mujer en Estados Unidos** dio un gran paso adelante en 1848 en Seneca Falls, Nueva York.

812. **La Convención de Seneca Falls** fue organizada por Elizabeth Cady Stanton y Lucretia Mott, que querían conseguir la igualdad de derechos para todas las mujeres.

813. En 1869, **Susan B. Anthony y Elizabeth Cady Stanton** crearon la Asociación Nacional por el Sufragio Femenino, que impulsó una enmienda constitucional para otorgar a las mujeres el derecho al voto.

814. En 1890, **Wyoming** se convirtió en el primer estado en conceder el pleno derecho de voto a las mujeres.

815. Un hito importante se produjo en 1920, cuando el Congreso ratificó **la Decimonovena Enmienda**, concediendo el sufragio a las mujeres en todo el país tras décadas de activismo.

816. En 1960, la FDA aprobó **la primera píldora anticonceptiva**, dando a las mujeres más libertad en sus decisiones sobre el embarazo y el sexo.

817. Las mujeres ganaron más libertad en la década de 1960 cuando pudieron abrir cuentas bancarias a su nombre.

818. En 1963, **Betty Friedan publicó** *La mística de la feminidad*, que contribuyó a dar a conocer el movimiento por los derechos de la mujer y provocó un resurgimiento de la lucha por la igualdad.

819. En 1963, el presidente John F. Kennedy firmó **la Ley de Igualdad Salarial**, destinada a acabar con la discriminación salarial.

820. **Tras conseguir el sufragio, se crearon muchas organizaciones.** Una de ellas fue NOW (Organización Nacional de Mujeres), fundada en 1966.

821. California fue el primer estado en aprobar **una ley de divorcio sin culpa,** en 1969. Las leyes de divorcio sin culpa implican que ninguna de las partes tiene que aportar una prueba de mala conducta. Como consecuencia, aumentó el número de divorcios.

822. **Gloria Steinem** fue una de las fundadoras de la revista Ms. en 1971. La revista trataba temas relacionados con la mujer y publicaba artículos feministas.

823. En 1972 **se aprobó el Título IX,** que prohibía la discriminación de niñas y mujeres en los programas educativos que recibían financiación federal.

824. En 1973 se dictó la sentencia **Roe contra Wade**. La Corte Suprema decidió que las mujeres tenían derecho a decidir si querían abortar.

825. En 1974 se aprobó la **Ley de Igualdad de Oportunidades de Crédito**. Esta ley declaraba ilegal que los acreedores discriminaran a los solicitantes por motivos de sexo, raza, religión o estado civil.

826. **La Ley de Discriminación por Embarazo** de 1978 protege a las mujeres embarazadas de la discriminación en el lugar de trabajo. La ley obliga a los empresarios a tratar a las mujeres embarazadas igual que a los demás empleados y a no discriminarlas.

827. **Alice Paul** sentó las bases de la Enmienda para la Igualdad de Derechos (ERA, por sus siglas en inglés). La enmienda fue aprobada por el Congreso en 1972. Sin embargo, no consiguió la ratificación de suficientes estados para su adopción en la Constitución debido a la fuerte oposición de grupos conservadores, como la campaña STOP ERA de Phyllis Schlafly.

828. Aunque muchas mujeres lucharon por la igualdad, muchas otras no querían que las cosas cambiaran. STOP («*Stop Taking Our Privileges*» o «Basta de llevarse nuestros privilegios») luchó contra cosas como la ERA porque les preocupaba que les quitara ciertos privilegios, como los baños separados para hombres y mujeres.

829. En 1981, **Sandra Day O'Connor** se convirtió en la primera mujer en formar parte de la Corte Suprema.

830. En 1992, **EE. UU. aprobó la Ley de Permisos Médicos y Familiares** (FMLA, por sus siglas en inglés), que permite a mujeres y hombres disfrutar de hasta doce semanas de permiso no remunerado al año para determinadas situaciones (como el cuidado de un recién nacido) sin temor a perder el empleo o la cobertura del seguro médico. Esto supuso un hito importante en la **protección de los derechos de los trabajadore**s en el ámbito laboral.

831. Otro cambio clave se produjo en 1994, cuando **el presidente Bill Clinton creó la Ley de Violencia contra la Mujer**. Además, se creó una oficina que trabaja para acabar con la violencia contra las mujeres y las niñas en todo Estados Unidos, apoyando a las víctimas y responsabilizando a los agresores.

832. **La Ley Lilly Ledbetter de Remuneración Justa** se aprobó en 2009 para reforzar las leyes existentes sobre igualdad de retribución. También permite a los empleados presentar quejas por discriminación si han sido mal pagados debido a su género o raza, independientemente de cuándo haya sucedido.

833. En 2012 se aprobó **la Ley de Violencia contra las Mujeres,** que amplió la protección de las víctimas de violencia doméstica y agresión sexual. Esta fue una gran victoria para el movimiento por los derechos de las mujeres en Estados Unidos, ya que amplió la protección a más víctimas y proporcionó más recursos a las supervivientes de abusos.

834. En 2016 se aprobó **la Ley Éxito de Todos los Estudiantes**, que sustituyó a la Ley Que ningún niño se quede atrás. La ley responsabiliza a las escuelas del aprendizaje de todos los estudiantes, independientemente de su sexo, raza o discapacidades.

835. En 2009, **se creó el Consejo de la Casa Blanca sobre Mujeres y Niñas** para asesorar al presidente sobre cuestiones importantes para las mujeres y las niñas de todo el país, como la educación, las oportunidades económicas y la atención sanitaria.

836. **El consejo se disolvió durante la presidencia de Trump,** pero el presidente Joe Biden lo restableció, llamándolo esta vez Consejo de Política de Género de la Casa Blanca.

837. **En 2020 se produjo un hito** cuando el Congreso aprobó una ley que garantizaba doce semanas de permiso parental retribuido a todos los empleados federales, independientemente de su sexo.

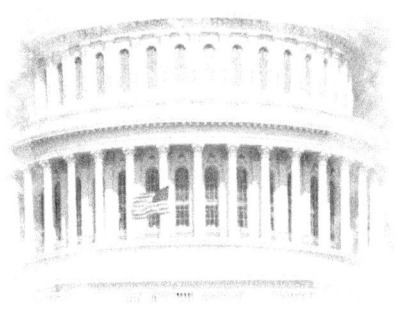

838. **En el año 2021 se produjeron avances** aún mayores hacia la igualdad salarial a través de la legislación introducida a nivel estatal en todos los Estados Unidos para cerrar las brechas salariales de género dentro de industrias específicas, como las finanzas y la atención sanitaria.

839. En 2022, **la Corte Suprema de Estados Unidos anuló el caso Roe contra Wade**. Por el momento, el derecho al aborto reside en el ámbito estatal. Incluso estados conservadores como Kentucky tuvieron suficiente apoyo para derrotar la legislación estatal destinada a prohibir el aborto.

840. En la actualidad, **organizaciones y activistas siguen impulsando cambios en los derechos de la mujer** a escala mundial a través de protestas y plataformas de medios sociales como Twitter e Instagram.

Movimientos musicales, artísticos y literarios durante la historia de Estados Unidos

Este capítulo explora **los fascinantes movimientos de la música, el arte y la literatura estadounidenses** desde 1920 hasta nuestros días. Se presentan treinta datos sobre tendencias como el renacimiento de Harlem, la música folk de la Gran Depresión, el jazz y el expresionismo abstracto. Conozca algunos datos interesantes sobre el punk rock y el hip-hop. Descubra cómo **varios artistas utilizaron su obra para reflejar acontecimientos históricos** o expresar opiniones sobre temas sociales al tiempo que desafiaban las convenciones tradicionales.

841. **El renacimiento de Harlem** en la década de 1920 fue una época de gran arte, música y literatura afroestadounidense.

842. La **música folk**, como el blues y el country, fue popular durante la Gran Depresión.

843. El **expresionismo abstracto** fue un importante movimiento artístico que comenzó en la ciudad de Nueva York durante las décadas de 1940 y 1950. Los artistas se centraron en expresar emociones a través de formas y colores abstractos sobre lienzo o papel sin utilizar patrones o imágenes reconocibles.

844. El *rock and roll* surgió a partir de la música *rhythm and blues* (R&B) a finales de la década de 1940. La popularidad del género despegó gracias a artistas como Chuck Berry.

845. Los **músicos de jazz**, como **Miles Davis** y **John Coltrane**, crearon nuevos sonidos en la década de 1950, apartándose de la música de banda de swing que era popular décadas antes.

846. **El movimiento *Beatnik*** fue una subcultura artística de escritores, poetas y artistas que se rebelaron contra la sociedad convencional a finales de los años 50 y principios de los 60.

847. **El arte pop surgió en las décadas de 1950 y 1960** como reacción al expresionismo abstracto. Estos artistas utilizaron imágenes cotidianas reconocibles de la cultura pop como cómics, anuncios y envases de productos.

848. El **arte minimalista** se popularizó a finales de los años cincuenta y principios de los sesenta. Este estilo de arte presenta formas geométricas simples que pretenden desviar la atención de las formas físicas hacia ideas sobre el espacio o el color.

849. **La invasión británica se produjo** a mediados de los años 60 y trajo a Estados Unidos a grupos famosos como los Beatles, los Rolling Stones y The Who, por nombrar algunos.

850. Las canciones de protesta se hicieron muy populares en los años sesenta. Muchos **compositores se manifestaron en contra de la guerra de Vietnam**.

851. El **movimiento artístico feminista** de finales de la década de 1960 trató de crear igualdad de género a través de obras de arte destacando los problemas a los que se enfrentaban las mujeres en aquella época, como la violencia doméstica y la desigualdad salarial.

852. La **literatura posmoderna** fue popular en los años sesenta. Utiliza elementos de ironía y parodia a la vez que cuestiona el papel de los textos tradicionales dentro de la sociedad.

853. Otro **tipo de literatura popular fue el realismo**, que describe la realidad sin adornos. Estos textos suelen tratar de personas corrientes que luchan con problemas de la vida cotidiana.

854. La **literatura surrealista** utiliza imágenes y símbolos oníricos para explorar ideas complejas sobre la vida y la realidad sin la estructura ni las normas tradicionales de la sociedad.

855. El **movimiento de las artes negras** duró de 1965 a 1975. Fue un movimiento literario y artístico afroestadounidense que buscaba crear obras que abordaran temas de racismo y opresión.

856. El **punk rock** surgió a mediados de la década de 1970 con ritmos enérgicos y letras rebeldes que denunciaban injusticias sociales como el racismo y la pobreza.

857. **Los punks abrazaron los principios del bricolaje** animando a la gente a crear su propia música en lugar de depender de las grandes discográficas o de las emisoras de radio para darse a conocer.

858. **El hip-hop nació en Nueva York** en la década de 1970, cuando los DJ empezaron a mezclar muestras de diferentes grabaciones, creando algo totalmente nuevo en el proceso.

859. **La arquitectura posmoderna** se popularizó a finales de los años setenta. Se basa en gran medida en formas abstractas y curvas en lugar de las líneas y ángulos tradicionales, creando edificios visualmente impresionantes.

860. Los **concursos de poesía** se hicieron populares en Chicago a mediados de los ochenta. Los poetas recitan poesía ante multitudes y son juzgados no solo por sus poemas, sino también por su actuación.

861. La **música** *grunge* surgió en Seattle a mediados de los ochenta. Este tipo de música es conocida por sus guitarras estridentes, sonidos distorsionados y letras sobre la alienación o la desafección de la sociedad.

862. La **música blues** gozó de nueva popularidad en la década de 1990, cuando la música, la literatura y el arte afroestadounidenses volvieron a florecer tras décadas de lucha y opresión.

863. La **música** *country* ha sido popular desde la década de 1920, pero experimentó un resurgimiento en popularidad durante la década de 1990 gracias a artistas como **Tim McGraw**.

864. La **música pop** es popular desde mediados de los años 50 y ha evolucionado mucho a lo largo de las décadas.

865. Los **escritores latinos** han hecho importantes contribuciones a la literatura estadounidense escribiendo historias que reflejan su cultura y sus experiencias viviendo en Estados Unidos.

866. **Muchas culturas nativas americanas** todavía practican sus artes tradicionales, como tejido de cestas con ramas de sauce o pinturas de imágenes en pieles utilizando tintes naturales.

867. La **danza contemporánea** es un tipo de arte escénico que combina diferentes estilos como la danza moderna, el ballet y el hip-hop.

868. El **arte callejero** es un tipo de arte público que utiliza grafitis, murales y esténciles para contar historias sobre acontecimientos actuales o expresar la opinión del artista sobre temas sociales.

869. La **fotografía callejera** captura momentos cotidianos en espacios públicos como parques, calles o mercados. Estas fotos suelen representar escenas llenas de emoción.

870. El **arte contemporáneo** es un término genérico utilizado para describir cualquier obra de arte creada en la actualidad. Incluye todo tipo de estilos diferentes, como instalaciones, videoarte y medios digitales.

Los principales casos de la Corte Suprema en el siglo XX

Este capítulo explora **los principales casos de la Corte Suprema en el siglo XX** que han dado forma a las leyes de Estados Unidos. Con estos treinta hechos, descubrirá cómo estas decisiones históricas **protegieron la libertad de expresión,** el derecho a la privacidad y los procedimientos de la justicia penal.

También se examinan las cuestiones constitucionales que rodean a cada caso para entender por qué fueron tan impactantes.

871. *Lochner contra Nueva York* **(1905):** Este caso de la Corte Suprema anuló una ley de Nueva York que limitaba el número de horas que podía trabajar un panadero, dictaminando que violaba la Cláusula del Debido Proceso de la Decimocuarta Enmienda. Este caso estableció una doctrina legal que posteriormente fue muy criticada por interferir en el poder del Estado para regular a sus ciudadanos.

872. *Muller contra Oregón* **(1908):** En este caso, la Corte Suprema confirmó una ley de Oregón que imponía un máximo de horas de trabajo a las mujeres. La Corte Suprema determinó que la ley era constitucional porque respondía al interés legítimo del Estado de proteger la salud de las trabajadoras. Esta decisión sentó el precedente de que los estados podían aprobar leyes que regularan la salud y la seguridad de sus ciudadanos. Sin embargo, también obstaculizó el movimiento por los derechos de la mujer en favor de la igualdad entre los sexos.

873. *Hammer contra Dagenhart* **(1918):** En este caso la Corte Suprema anuló una ley federal que prohibía el envío interestatal de mercancías producidas por mano de obra infantil. La Corte Suprema dictaminó que la ley violaba la Cláusula de Comercio de la Constitución y constituía una intromisión en los derechos de los estados a regular a sus ciudadanos.

874. *Casos de la Ley de Reclutamiento Selectivo (*1918): En estos casos, la Corte Suprema confirmó la constitucionalidad del primer servicio militar obligatorio en tiempos de paz en Estados Unidos. La Corte Suprema consideró que el Congreso tenía autoridad para poner en marcha el servicio militar obligatorio con el fin de formar y mantener ejércitos.

875. *Schenck contra Estados Unidos* (1919): Este caso de la Corte Suprema confirmó la condena de un hombre acusado de violar la Ley de Espionaje de 1917 por distribuir literatura que criticaba el servicio militar obligatorio. La Corte Suprema sostuvo que sus acciones constituían un «peligro claro y presente» para la seguridad de la nación. El caso determinó esencialmente que Schenck no tenía derecho a expresar sus opiniones en contra del servicio militar obligatorio, lo que violaba la Primera Enmienda.

876. *Adkins contra el Hospital Infantil* (1923): En este caso, La Corte Suprema anuló una ley del distrito de Columbia que establecía un salario mínimo para las mujeres. La Corte Suprema sostuvo que la ley violaba la Cláusula del Debido Proceso de la Quinta Enmienda porque interfería con el derecho a contratar libremente.

877. *Estados Unidos contra Schwimmer* (1929): En este caso, la Corte Suprema sostuvo que una mujer que había solicitado la ciudadanía no era elegible porque se había negado a prestar juramento de servicio militar. La Corte Suprema consideró que la decisión de denegar su solicitud era razonable en virtud de la Ley de Naturalización de 1906.

878. *Schechter Poultry Corp. contra Estados Unidos* (1935): Este caso de la Corte Suprema anuló una ley federal que regulaba la venta de aves de corral y otros productos básicos. La Corte Suprema consideró que la ley excedía las competencias del Congreso en virtud de la Cláusula de Comercio y constituía una delegación de competencias inconstitucional.

879. *Estados Unidos contra Miller* (1939): En este caso, la Corte Suprema sostuvo que una ley federal que prohibía el transporte interestatal de una escopeta recortada era constitucional. La Corte Suprema consideró que la ley estaba dentro de las competencias del Congreso, en virtud de la Cláusula de Comercio, para regular las actividades que afectan sustancialmente al comercio interestatal.

880. *Estados Unidos contra Carolene Products Co.* (1938): Este caso de la Corte Suprema estableció la doctrina de la «nota a pie de página número cuatro», que establece que los tribunales deben respetar las leyes aprobadas por el poder legislativo a menos que

exista una razón de peso para no hacerlo. Esta decisión ha sido ampliamente citada en casos posteriores.

881. ***Consejo de Educación del Estado de Virginia Occidental contra Barnette* (1943):** En este caso, la Corte Suprema sostuvo que una ley de Virginia Occidental que obligaba a los escolares a saludar a la bandera estadounidense violaba la protección de la libertad de expresión de la Primera Enmienda. Esta decisión ha sido ampliamente citada como ejemplo de la protección de la libertad individual por parte de la Corte Suprema.

882. ***Korematsu contra Estados Unidos* (1944):** Este caso de la Corte Suprema confirmó el internamiento de japoneses-estadounidenses durante la Segunda Guerra Mundial. La Corte Suprema consideró que el internamiento era un ejercicio razonable del poder del gobierno para proteger la seguridad nacional. Esta decisión ha sido muy criticada por su violación de las libertades civiles.

883. ***Brown contra el Consejo de Educación* (1954):** Este caso de la Corte Suprema anuló la doctrina de «iguales, pero separados» en la educación pública. La Corte Suprema sostuvo que la segregación racial en las escuelas públicas violaba la Cláusula de Igual Protección de la Decimocuarta Enmienda. Esta decisión marcó un cambio importante en el enfoque del tribunal sobre los derechos civiles.

884. ***Mapp contra Ohio* (1961):** En este caso, la Corte Suprema sostuvo que las pruebas obtenidas en violación de la protección de la Cuarta Enmienda contra registros e incautaciones irrazonables eran inadmisibles en un proceso penal. Esta decisión ha sido ampliamente citada como una importante protección de los derechos individuales contra la intrusión gubernamental.

885. ***Engel contra Vitale* (1962):** La Corte Suprema sostuvo que una ley de Nueva York que obligaba a los alumnos de las escuelas públicas a recitar una oración no confesional violaba la Cláusula de Establecimiento de la Primera Enmienda. Este caso ha sido ampliamente citado como ejemplo de la protección de la libertad religiosa por parte de la Corte Suprema.

886. *Gideon contra Wainwright* (1963): Este caso de la Corte Suprema sostuvo que los gobiernos estatal y federal debían proporcionar asistencia letrada a los acusados de un delito que no pudieran permitirse contratar a su propio abogado. Esta decisión marcó un cambio importante en el enfoque de la Corte Suprema sobre la justicia penal y ha sido ampliamente citada en casos posteriores.

887. *Griswold contra Connecticut* (1965): Este caso de la Corte Suprema anuló una ley de Connecticut que prohibía el uso de anticonceptivos, al considerar que la ley violaba el derecho a la intimidad implícito en la Carta de Derechos. Esta decisión marcó un cambio importante en el enfoque de la Corte Suprema sobre la protección de los derechos individuales.

888. *Miranda contra Arizona* (1966): En este caso, la Corte Suprema sostuvo que las personas detenidas por la policía deben ser informadas de su derecho a permanecer en silencio y a tener un abogado presente durante el interrogatorio. Este caso ha sido ampliamente citado como una importante protección de los derechos individuales.

889. *Brandenburg contra Ohio* (1969): Este caso de la Corte Suprema sostuvo que el gobierno no podía castigar a las personas por sus expresiones, a menos que estas pudieran incitar a la violencia inminente. Esta decisión ha sido ampliamente citada como una importante protección del derecho a la libertad de expresión.

890. *New York Times Co. contra Estados Unidos* (1971): La Corte Suprema sostuvo que la protección de la libertad de prensa de la Primera Enmienda anulaba el intento del Gobierno de impedir la publicación de documentos clasificados. Esta decisión ha sido ampliamente citada como una importante protección de la libertad de la prensa para informar al público.

891. *Furman contra Georgia* (1972): En este caso, la Corte Suprema sostuvo que las leyes de pena de muerte existentes en Estados Unidos eran inconstitucionales porque se aplicaban de forma arbitraria y discriminatoria. Esta decisión marcó un cambio importante en el enfoque de la Corte Suprema sobre la pena capital.

892. **Roe contra Wade (1973):** Este caso de la Corte Suprema sostuvo que el derecho de la mujer a la intimidad incluye el derecho a interrumpir un embarazo. Esta decisión marcó un cambio importante en el enfoque de la Corte Suprema sobre los derechos reproductivos y ha sido ampliamente citada en casos posteriores.

893. **Estados Unidos contra Nixon (1974):** En este caso, la Corte Suprema sostuvo que el presidente Richard Nixon tenía que cumplir una citación judicial en la que se solicitaban cintas de su despacho en la Casa Blanca. Esta decisión ha sido ampliamente citada como una importante protección del equilibrio de poder entre los poderes del Estado.

894. **Regentes de la Universidad de California contra Bakke (1978):** Este caso de la Corte Suprema anuló una ley de California que establecía un programa de admisiones separado para los solicitantes pertenecientes a minorías, al considerar que violaba la Cláusula de Igual Protección de la Decimocuarta Enmienda. Esta decisión ha sido ampliamente citada en casos posteriores.

895. **Texas contra Johnson (1989):** En este caso, la Corte Suprema sostuvo que la quema de una bandera estadounidense estaba protegida por la libertad de expresión de la Primera Enmienda. Esta decisión ha sido ampliamente citada como ejemplo de la protección de la libertad individual por parte de la Corte Suprema.

896. *Webster contra Servicios de Salud Reproductiva* (1989): La Corte Suprema confirmó una ley de Missouri que imponía restricciones al aborto, considerando que la ley no violaba el derecho a la intimidad implícito en la Decimocuarta Enmienda.

897. *Estados Unidos contra Williams* (1992): La Corte Suprema sostuvo que la capacidad del gobierno para procesar a individuos por conspiración para cometer un delito (en este caso, intercambiar o vender pornografía infantil) no violaba la Primera Enmienda, ya que la persona estaría haciendo algo ilegal de todos modos.

898. *Reno contra American Civil Liberties Union* (1997): La Corte Suprema determinó que las comunicaciones en Internet tienen una protección de la Primera Enmienda similar a otras formas de expresión, lo que significa que los ciudadanos no pueden ser censurados en línea sin el debido proceso.

899. *Reno contra American Civil Liberties Union* (1997): La Corte Suprema determinó que las comunicaciones en Internet tienen una protección de la Primera Enmienda similar a otras formas de expresión, lo que significa que los ciudadanos no pueden ser censurados en línea sin el debido proceso.

900. *Obergefell v. Hodges* (2000): En este caso, la Corte Suprema declaró que las parejas del mismo sexo tenían derecho a contraer matrimonio en virtud de la Cláusula del Debido Proceso y la Cláusula de Igual Protección de la Decimocuarta Enmienda. Este caso estableció el derecho al matrimonio entre personas del mismo sexo a nivel federal.

Historia y cultura afroamericana en Estados Unidos

Este capítulo explora la fascinante **historia y cultura de los afroamericanos** en Estados Unidos. Se presentan treinta datos interesantes para descubrir cómo llegaron los africanos esclavizados a Norteamérica, importantes reformas de los derechos civiles y figuras influyentes como **Martin Luther King Jr.** y **Oprah Winfrey**, que rompieron barreras para las generaciones futuras.

También **están presentes famosos** inventores, artistas y músicos **afroestadounidenses** que influyeron en la cultura actual. Al comprender estos elementos de la historia afroestadounidense, apreciará mejor sus inmensas contribuciones a esta nación.

901. **Los primeros africanos esclavizados llegaron a Jamestown, Virginia, en 1619** a bordo de un barco comercial holandés llamado León Blanco.

902. **Entre 1525 y 1866**, 12.5 millones de personas esclavizadas fueron llevadas a Norteamérica, Sudamérica y el Caribe desde África.

903. **El ferrocarril subterráneo** permitió a decenas de miles de afroestadounidenses encontrar la libertad a través de una red secreta que les ponía en contacto con abolicionistas dispuestos a ayudarles a escapar de la esclavitud.

904. **El infame caso Dred Scott de 1857** supuso el fallo de la Corte Suprema según el cual los afroestadounidenses no gozaban de los derechos establecidos en la Constitución.

905. **La guerra civil se libró entre 1861 y 1865.** Aunque la guerra civil se libró por múltiples cuestiones, la más acuciante era mantener intacta la institución de la esclavitud en el Sur. Durante la guerra, el presidente Abraham Lincoln aprobó la Proclamación de Emancipación, liberando a las personas esclavizadas en los estados que se habían separado.

906. En 1865, **la guerra civil fue ganada por el norte.** Se aprobaron varias enmiendas, la Decimotercera, la Decimocuarta y la Decimoquinta, que concedían y protegían los derechos de los afroestadounidenses.

907. **El periodo de la Reconstrucción tuvo lugar después de la guerra civil**. La Reconstrucción tenía varios propósitos, entre ellos reunificar el país y proporcionar un sistema para que los afroestadounidenses pudieran salir adelante.

908. Aunque se dieron algunos pasos en la dirección correcta, **las Leyes Jim Crow** supusieron un gran retroceso. Debido a estas leyes, los afroestadounidenses sufrían discriminación en la vivienda, la educación, el empleo y los alojamientos públicos.

909. **La NAACP fue fundada** en febrero de 1909 por W. E. B. Du Bois, Ida B. Wells y otros activistas para trabajar por la reforma de los derechos civiles.

910. **El renacimiento de Harlem** fue un periodo artístico, literario y musical que floreció en las décadas de 1920 y 1930. Langston Hughes, Zora Neale Hurston y Jacob Lawrence son algunas de las figuras más conocidas de esta época.

911. **Los aviadores de Tuskegee** fueron los primeros pilotos negros en servir en el ejército estadounidense. Sirvieron durante la Segunda Guerra Mundial. Su valentía y destreza ayudaron a redefinir el papel de los afroestadounidenses en las fuerzas armadas estadounidenses.

912. En 1954, **la Corte Suprema dictaminó que la segregación racial** en las escuelas era inconstitucional en el caso Brown contra el Consejo de Educación. Este caso allanó el camino para la integración de la educación, lo que finalmente condujo a una mayor diversidad en las aulas de todo Estados Unidos.

913. **El boicot a los autobuses de Montgomery** se produjo después de que Rosa Parks se negara a ceder su asiento a los pasajeros blancos. Este acontecimiento condujo a la decisión de que los autobuses segregados de Alabama eran inconstitucionales.

914. **La iglesia bautista de la calle 16 de Birmingham**, Alabama, fue bombardeada por miembros del KKK en 1963, matando a cuatro niñas que asistían a la escuela dominical. El KKK es un conocido grupo de odio que ha pasado por múltiples iteraciones. El grupo sigue existiendo hoy en día.

915. En 1964, **Martin Luther King Jr. recibió el Premio Nobel de la Paz** por sus protestas no violentas contra la injusticia racial.

916. En 1965, el **presidente Lyndon Johnson** firmó la Ley del Derecho al Voto, que prohibía muchas de las prácticas electorales discriminatorias utilizadas para impedir el voto de los afroestadounidenses, como los exámenes de alfabetización y los impuestos de capitación.

917. **Los Panteras Negras se fundaron en 1966** para proteger a las comunidades afroestadounidenses de la brutalidad policial mediante tácticas militares de autodefensa. Querían garantizar que los afroestadounidenses pudieran vivir sin miedo a la brutalidad policial.

918. En 1968, los atletas **John Carlos y Tommie Smith protestaron durante la ceremonia de entrega de medallas de los Juegos Olímpicos de Verano de Ciudad de México** levantando los puños enguantados de negro durante el himno nacional estadounidense para mostrar su solidaridad con el movimiento por los derechos civiles.

919. En 1968, **Martin Luther King Jr.,** líder del movimiento por los derechos civiles, fue asesinado a la edad de treinta y nueve años mientras se encontraba en el balcón de su hotel en Memphis, Tennessee.

920. A partir de 1983, **el Día de Martin Luther King** se convirtió en fiesta nacional oficial en todo el país.

921. En 1984, **Byllye Avery,** junto con otras personas, puso en marcha el Proyecto Nacional de Salud de la Mujer Negra para educar a las mujeres sobre las disparidades sanitarias en las comunidades afroestadounidenses.

922. **La Marcha del Millón de Hombres** tuvo lugar el 16 de octubre de 1995. Casi un millón de personas de todos los orígenes viajaron a Washington, D.C., para manifestarse contra el racismo y la brutalidad policial.

923. El primer presidente negro de Estados Unidos fue **Barack Obama**, que ocupó el cargo entre 2009 y 2017.

924. **El movimiento** *Black Lives Matter* comenzó tras la muerte de Trayvon Martin, cuando su asesino, George Zimmerman, fue absuelto en julio de 2013. El movimiento explotó con las muertes de Michael Brown y Eric Garner en 2014. Desde entonces, la organización ha trabajado para poner fin a la violencia infligida a las personas negras en todo el mundo.

925. La **cultura afroestadounidense** sigue muy viva hoy en día, con música como el jazz, el blues y el hip-hop como géneros populares entre todas las razas.

926. Entre los inventores **afroestadounidenses famosos** se encuentran **Elijah McCoy** (lubricador automático para máquinas de vapor), **George Washington Carver** (rotación de cultivos) y **Garrett Morgan** (un tipo de semáforo).

927. Entre los **afroestadounidenses famosos** que han roto barreras se encuentran **Oprah Winfrey** (magnate de los medios de comunicación), **Colin Powell** (el primer secretario de Estado negro de EE. UU.) y **Madam C. J. Walker** (la primera mujer millonaria hecha a sí misma en EE. UU.).

928. **Autores afroestadounidenses**, como Toni Morrison, Zora Neale Hurston y Maya Angelou han tenido un impacto significativo en la literatura.

929. Los **afroestadounidenses** también son conocidos por su arte y creatividad en las artes visuales, desde la pintura a la escultura, pasando por la fotografía.

930. **La cocina afroestadounidense ha evolucionado** a lo largo de los años y platos como la jambalaya, el gumbo y el pollo frito son comidas reconfortantes muy populares.

Exploradores famosos que fundaron los primeros asentamientos en Estados Unidos

En este capítulo se recorre la fascinante **historia de los exploradores famosos** que fundaron los primeros asentamientos en Estados Unidos. Se presentan treinta datos interesantes sobre sus viajes, descubrimientos y contribuciones a la historia de Estados Unidos. Además, se incluye cómo utilizaron la naturaleza para sobrevivir en condiciones duras y desarrollaron complejas redes comerciales entre **diferentes tribus por toda Norteamérica.**

931. **Leif Erikson** descubrió Norteamérica siglos antes que Colón, llegando a Terranova hacia el año 1000 de nuestra era.

932. **Colón** dio el pistoletazo de salida a la colonización del Nuevo Mundo tras tropezar con las Bahamas en 1492.

933. **John Cabot** reclamó para Inglaterra la mayor parte de Norteamérica cuando desembarcó en Terranova en 1497.

934. **Américo Vespucio** exploró el Nuevo Mundo a finales del siglo XV y principios del XVI. De su nombre procede el término «América».

935. **Vasco Nuñez Balboa** cruzó Panamá y avistó el Océano Pacífico, convirtiéndose en el primer europeo en verlo, en 1513.

936. **Ponce de León descubrió Florida** mientras buscaba la Fuente de la Juventud en 1513. Reclamó Florida para España y se convirtió en el primer explorador europeo conocido en descubrir lo que hoy es Estados Unidos.

937. **Giovanni da Verrazzano** navegó desde Francia hasta el este de Norteamérica en busca de una ruta hacia el Pacífico en la década de 1520. Exploró parte de la costa oriental y desembarcó cerca de Cape Fear (Carolina del Norte).

938. En 1524, **Estevão Gomes**, explorador portugués, fue el primer europeo en descubrir el río Hudson. Henry Hudson exploró más de este río unos noventa años después.

939. **Estevanico** fue un esclavo marroquí que acompañó a Cabeza de Vaca en su expedición al sur de EE. UU., en 1527.

940. **Jacques Cartier** exploró Canadá. Recorrió el golfo de San Lorenzo y el río Lawrence entre 1534 y 1542.

941. **Hernando de Soto** se convirtió en el primer europeo en cruzar el río Misisipi en 1541.

942. **Francisco Vázquez de Coronado** dirigió una expedición desde México a lo que hoy es el suroeste estadounidense en 1540 y 1542.

943. En 1542 y 1543, **Juan Rodríguez Cabrillo** se convirtió en el primer europeo en investigar la actual California.

944. **Pedro Menéndez de Avilés** estableció San Agustín como asentamiento español el 28 de agosto de 1565. Es la ciudad habitada más antigua de Estados Unidos.

945. **Juan Pardo** estableció el primer asentamiento europeo en Carolina del Norte con el Fuerte San Juan, cerca de la actual Morganton, en el siglo XVI.

946. **Los ingleses** intentaron establecer un asentamiento permanente en la costa de Carolina del Norte en 1585. Se llamó **Roanoke**.

947. En 1590, **la colonia de Roanoke** fue abandonada. Hasta el día de hoy, nadie sabe con certeza qué ocurrió con los colonos, aunque la teoría más probable es que se trasladaron a la isla de Croatoan.

948. **Jamestown, Virginia,** se convierte en el primer asentamiento inglés permanente en Estados Unidos el 14 de mayo de 1607.

949. **Samuel de Champlain** fundó la ciudad de Quebec y otros asentamientos a lo largo del lago Ontario y el lago Champlain entre 1608 y 1635.

950. **Henry Hudson** exploró la zona de lo que hoy es Nueva York y Canadá en 1609 y 1610. Los hombres de Hudson fueron los primeros europeos en visitar la bahía de Hudson en 1611.

951. **Hudson** buscaba el Paso del noroeste, una vía fluvial que conectaba **el Atlántico con el Pacífico.** El Paso del noroeste no fue completamente navegado hasta principios del siglo XX.

952. **En 1614, los holandeses establecieron Nueva Holanda en lo que hoy es Nueva Jersey y Nueva York**. Los ingleses tomaron el control de esta colonia sesenta años más tarde y la rebautizaron como Nueva York.

953. **En 1620, los peregrinos cruzaron el Atlántico** en el Mayflower y desembarcaron en la actual Massachusetts. Allí establecieron una pequeña colonia.

954. **Louis Joliet y Jacques Marquette** exploraron una gran parte de Norteamérica en su misión de 1673. Ambos recorrieron desde la región de los Grandes Lagos hasta el golfo de México.

955. **Marquette y Joliet** fueron también los primeros europeos en explorar la parte norte del valle del río Misisipi.

956. **René Robert Cavelier Sieur de La Salle** viajó a lo largo del río Mississippi, reclamando gran parte de su cuenca para Francia durante 1682 y 1683.

957. De 1697 a 1702, **Eusebio Kino**, misionero jesuita y explorador, investigó Sonora, México, y el sur de Arizona. También descubrió que la Baja California no era una isla, sino una península.

958. En 1773 se creó **la última de las Trece Colonias británicas**. Ese año se estableció oficialmente la colonia de Georgia. Es notable que prohibió la esclavitud y el alcohol.

959. **El capitán James Cook zarpó hacia Inglaterra**. Fue el primer europeo que descubrió las islas Hawái en 1778. En su tercera visita a las islas, en 1779, fue asesinado por los nativos.

960. **Alexander Mackenzie fue el primer europeo en cruzar América del Norte** por su punto más ancho, atravesando el continente desde el Pacífico hasta la costa atlántica por el punto más septentrional de Canadá. Logró esta hazaña en 1793.

Evolución económica de Estados Unidos

Este capítulo **explora la evolución económica de Estados Unidos.** Con estos datos, se entiende cómo los estadounidenses han podido alcanzar una de las rentas per cápita más altas del mundo. Se examina la explosión de crecimiento económico de Estados Unidos y su declive debido al aumento de los precios del petróleo, el desempleo y la inflación.

Por último, se descubren las causas de las burbujas que estallaron durante la recesión de 2008-09 y se analizan algunos de los retos a los que se enfrenta la economía hoy en día.

961. **Estados Unidos es una potencia económica desde finales del siglo XIX**, aunque su economía se mantuvo casi siempre estable desde finales del siglo XVIII.

962. Durante el periodo de 1790 a 1860, la industria manufacturera impulsó gran parte del **crecimiento económico de Estados Unidos**. Se abrieron más fábricas y se desarrollaron nuevas tecnologías, como la desmotadora de algodón de Eli Whitney y el sistema de producción de piezas intercambiables.

963. A finales del siglo XIX, **después de la guerra de Secesión, Estados Unidos experimentó su primera explosión real de crecimiento económico** con una importante expansión de las infraestructuras de transporte y comunicaciones, como los ferrocarriles y las líneas telegráficas. Estas ayudaron a conectar los mercados de toda la nación de forma más eficiente.

964. **En 1916, el PIB estadounidense superó al británico** gracias a los avances tecnológicos de Estados Unidos en agricultura e industria, que permitieron una producción en masa eficiente de productos como el automóvil y el acero. La economía británica se estancó, mientras que la estadounidense siguió creciendo.

965. **En la década de 1920, la economía estadounidense experimentó un auge gracias a los nuevos inventos y avances tecnológicos**. Las cadenas de montaje, las radios, la producción masiva de automóviles y el comienzo de la industria aeronáutica contribuyeron al crecimiento económico de la época.

966. **Tras el fin de la Segunda Guerra Mundial en 1945, se produjo un auge económico** desde 1946 hasta 1959 llamado la **«Edad de Oro»**. El desempleo alcanzó un mínimo histórico del 2,5 % en 1953. Los ingresos aumentaron rápidamente y hubo una mayor demanda de bienes de consumo ahora que la guerra había terminado.

967. **En la década de 1950, la economía estadounidense continuó expandiéndose** con el aumento de la producción manufacturera y los avances tecnológicos. Los electrodomésticos como los frigoríficos, se hicieron más asequibles para las familias de clase media, dando lugar a un mercado de consumo en auge.

968. **En la década de 1970 se produjo una recesión económica debido al aumento de los precios del petróleo**, el desempleo y la inflación, que provocaron un estancamiento en la creación de empleo y los salarios. Al mismo tiempo, otras naciones desarrolladas se pusieron al día tecnológicamente, lo que perjudicó a las exportaciones estadounidenses a nivel mundial en aquella época.

969. **En la década de 1980, el presidente Ronald Reagan promulgó un conjunto de políticas llamadas «*Reaganomics*».** El gobierno se centró en bajar los impuestos a las empresas y a los individuos ricos y también desreguló muchas industrias (como la banca), lo que contribuyó significativamente a elevar las tasas de crecimiento económico a principios de los noventa.

970. **La década de 1990 fue considerada uno de los periodos de expansión económica ininterrumpida más largos de la historia de Estados Unidos,** gracias sobre todo a las nuevas tecnologías, como Internet, los teléfonos móviles y los computadores. Estos elementos permitieron acceder a los mercados más rápido que nunca y crearon enormes oportunidades de riqueza.

971. **A principios de la década de 2000 se produjo un rápido aumento de los precios de la vivienda,** impulsado por los bajos tipos de interés y el acceso al crédito para personas con un historial crediticio pobre. Esto condujo a la creación de burbujas que estallaron durante la recesión de 2008-2009. La recesión provocó desempleo y dificultades financieras.

972. **Tras la Gran Recesión, la economía estadounidense se ha ido recuperando,** pero aún se enfrenta a muchos problemas. Por ejemplo, EE. UU. se enfrenta a la desigualdad de ingresos, el estancamiento de los salarios, el aumento de los costos sanitarios y el incremento de los niveles de deuda nacional, lo que impide que la economía alcance todo su potencial.

973. **En la actualidad, Estados Unidos tiene la octava renta per cápita más alta del mundo.** En promedio, los estadounidenses ganan unos setenta mil dólares al año.

Acontecimientos culturales que influyeron en la historia de Estados Unidos

En este capítulo se analizan los acontecimientos culturales que han marcado e **influido en la historia de Estados Unidos**. Estos datos curiosos permiten conocer mejor **el primer Día de Acción de Gracias en Estados Unidos**, el primer desfile del **Día de San Patricio en Nueva York** y mucho más.

Descubra cómo surgieron ciertos símbolos, como **la bandera estadounidense y la Estatua de la Libertad**, y examine momentos emblemáticos, como **el primer partido de béisbol.**

974. **El primer Día de Acción de Gracias se celebró en 1621** entre los *wampanoag* y los colonos ingleses de la colonia de Plymouth, Massachusetts.

975. **El desfile del Día de San Patricio comenzó en Nueva York** el 17 de marzo de 1762, como una celebración irlandesa-estadounidense. Hoy en día, la fiesta se celebra en todo el mundo con desfiles, música, bailes y comida tradicional.

976. **La Declaración de Independencia fue ratificada el 4 de julio de 1776**, declarando la independencia de Estados Unidos de Gran Bretaña y formando una nueva nación. Cada 4 de julio, los estadounidenses celebran el Día de la Independencia con comida y fuegos artificiales.

977. **La emblemática bandera estadounidense, las barras y estrellas, fue supuestamente diseñada por Betsy Ross en 1776** y adoptada oficialmente el 14 de junio de 1777.

978. Se cree que **el primer partido de béisbol jugado en Estados Unidos** tuvo lugar entre los equipos del Knickerbocker Club de Nueva York y el New York Baseball Club en Elysian Fields en Hoboken, Nueva Jersey, el 19 de junio de 1846.

979. **El ferrocarril transcontinental conectó la Costa Este con los puertos de la Costa Oeste.** Se completó el 10 de mayo de 1869, tras seis años de construcción.

980. **La batalla de Gettysburg (1-3 de julio de 1863) entre** el Ejército de **la Unión y el Confederado** marcó un punto de inflexión en la guerra de Secesión. La guerra condujo finalmente a la abolición de la esclavitud en Estados Unidos.

981. **El primer desfile del Día del Trabajo se celebró en Nueva York** el 5 de septiembre de 1882. Hoy en día, el primer lunes de septiembre es el Día del Trabajo y se celebra con desfiles, conciertos y otros eventos.

982. **La Estatua de la Libertad es un símbolo monumental de libertad y democracia.** Fue donada a Estados Unidos por Francia en 1885. Con sus 305 pies de altura, es un recordatorio del compromiso de Estados Unidos con la libertad, la justicia y la igualdad. Se ha convertido en un ícono de esperanza e inspiración para millones de personas en todo el mundo.

983. **La Estatua de la Libertad fue bautizada con el nombre de Lady Liberty por el escultor francés Frederic Auguste Bartholdi,** que diseñó la estatua, hecha de cobre.

984. **La música jazz se originó en Nueva Orleans** a finales del siglo XIX como una combinación de tradiciones musicales afroestadounidenses con influencias de estilos musicales europeos como el *ragtime* y la música de bandas.

985. **La isla de Ellis sirvió como estación de inmigración** para millones de inmigrantes que llegaban a Estados Unidos desde Europa a través del puerto de Nueva York a partir de 1892. Cerró sus puertas en 1954.

986. **El sufragio femenino se convirtió en ley** cuando se ratificó la Decimonovena Enmienda el 18 de agosto de 1920.

987. **La *National Football League* (NFL)** comenzó a jugar el 3 de octubre de 1920, convirtiéndose en una de las ligas deportivas profesionales más antiguas del mundo (la Major League Baseball fue la primera).

988. **El primer desfile estadounidense del Día de Acción de Gracias** se celebró en Filadelfia en 1920. El emblemático Macy's Thanksgiving Day Parade de Nueva York comenzó a celebrarse en 1924.

989. **El primer portaaviones de la Armada estadounidense**, el USS Langley, entró en servicio en 1922, marcando el comienzo de una nueva era de desarrollo de la tecnología militar.

990. **El Renacimiento de Harlem** fue una época dorada de expresión artística y despertar cultural afroestadounidense que comenzó en la década de 1920 y duró hasta mediados de la década de 1930.

991. **Los locos años 20** fueron una época apasionante en la historia de Estados Unidos. Todo, desde la política hasta la música y el baile, experimentó cambios.

992. El 3 de marzo de 1932, **el presidente Herbert Hoover** declaró **«The Star-Spangled Banner»** de Francis Scott Key himno nacional de Estados Unidos.

993. La legislación del *New Deal* del **presidente Franklin D. Roosevelt** durante la década de 1930 proporcionó fondos para proyectos de obras públicas, reformas del bienestar y regulación bancaria, entre otras medidas, para ayudar a Estados Unidos a recuperarse de la Gran Depresión.

994. En 1947 se inauguró **el primer autoservicio de Estados Unidos**: Red's Giant Hamburg en Missouri. Hoy hay más de 200.000 autoservicios en el país.

995- En 1955, **Rosa Parks se negó a ceder su asiento en el autobús a un pasajero blanco**, lo que desencadenó el boicot a los autobuses de Montgomery.

996. **Hawái pasó a formar parte de EE. UU.** el 21 de agosto de 1959. Hawái se convirtió en el quincuagésimo estado de EE. UU.

997. El 28 de agosto de 1963, **Martin Luther King Jr. pronunció su famoso discurso «Tengo un sueño»** al final de la Marcha sobre Washington por el Trabajo y la Libertad. La marcha y el discurso se convirtieron en un momento decisivo del movimiento por los derechos civiles, inspirando a personas de todo el mundo.

998. El 28 de junio de 1969, **las redadas policiales contra miembros de la comunidad LGBTQ en el Stonewall Inn de Nueva York** desencadenaron protestas y disturbios que iniciaron el movimiento moderno por los derechos de los homosexuales en la historia de Estados Unidos.

999. En julio de 1969, **Neil Armstrong se convirtió en el primer hombre en pisar la Luna**, poniendo fin a la carrera espacial. Fue una hazaña increíble, y gente de todo el mundo sintonizó para ver el trascendental acontecimiento.

1000. **Woodstock fue un concierto de tres días que promovió la paz y el amor. Músicos icónicos como Jimi Hendrix, Janis Joplin y Jefferson Airplane, entre** otros, actuaron cerca de Bethel, Nueva York, a mediados de agosto de 1969, y atrajeron a casi 500.000 personas.

Mira otro libro de la serie

www.ingramcontent.com/pod-product-compliance
Lightning Source LLC
Chambersburg PA
CBHW082147120626

46553CB00010B/2809